Apóstoles en la Iglesia de hoy

Esferas de autoridad

La restauración del ministerio apostólico
en el nuevo mover de Dios

C. Peter Wagner

BUENOS AIRES - MIAMI - SAN JOSÉ - SANTIAGO

www.editorialpeniel.com

Apóstoles en la Iglesia de hoy
C. Peter Wagner

Publicado por:
Editorial Peniel
Boedo 25
Buenos Aires C1206AAA - Argentina
Tel. (54-11) 4981-6034 / 6178
e-mail: info@peniel.com.ar

www.editorialpeniel.com

Originaly published in english
under the title: *"Spheres of authority, Apostles in today's church"*
Published by
Wagner Publications
11005 N. Highway 83
Colorado Springs, CO 80921

Traducido al castellano por: Romina Arvelo

Diseño de cubierta e interior: arte@peniel.com.ar

ISBN Nº 987-557-028-1

Edición Nº I Año 2004

Todas las citas bíblicas fueron tomadas de la Versión Reina Valera, revisión 1960,
Sociedades Bíblicas Unidas

Printed in Colombia.
Impreso en Colombia.

Índice

Capítulo 1

El resurgimiento de los apóstoles

Somos testigos de un cambio trascendental en la estructura de la iglesia. Particularmente, a mí me gusta llamarlo "Nueva Era Apostólica".

Una nueva etapa en la Iglesia

Con la llegada del tercer milenio, la iglesia ingresó en una nueva etapa. Si bien otros pueden disentir al respecto, yo creo que la historia de la iglesia tiene dos eras apostólicas bien definidas. La primera se extendió durante casi doscientos años; un par de generaciones después de que los primeros apóstoles del Nuevo Testamento concluyeran su ministerio; el segundo tuvo lugar aproximadamente mil ochocientos años después, alrededor del año 2001.

No quisiera que se malinterprete lo que acabo de decir; no estoy diciendo que la iglesia de Jesucristo o el Reino de Dios se estancó durante mil ochocientos años. Ciertamente no lo hizo. Recuerden que Jesús dijo: "... *construiré mi iglesia*" (Mateo 16:18) y eso es precisamente lo que ha estado haciendo desde entonces. El pueblo de Dios en la Tierra ha predicado la palabra, ha hecho discípulos y ha liberado a los cautivos. La verdadera iglesia ha estado con nosotros a través de los años, a veces más visiblemente y otras menos.

Los apóstoles a través de la historia

Estoy seguro que los apóstoles han estado presentes en la historia de la iglesia a lo largo de los años, a pesar de los esfuerzos, tanto en el mundo invisible como en el visible, para mantenerlos en un segundo plano. Pero aún así, ¿quién puede dudar que Gregory Thaumaturgus, o Martin de Tours, o Patricio de Irlanda, o Benedicto de Nursia, o Bonifacio, o Anselmo de Canterbury, o Savonarola, o John Wycliff, o Martin Luther, o Francis Xavier, o William Booth, o William Carey o Hudson Taylor fueron apóstoles?

En el año 1900 Wilbur Chapman publicó una biografía de Dwight L. Moody que tenía por subtítulo *"A Tribute of the Memory of the Greatest Apostle of the Age"* (Un tributo a la memoria del más grande apóstol de la época).[1] Haberlo llamado "apóstol" en el año 1900 fue una excepción a la regla, ya que en términos generales, aquellos que indiscutiblemente poseían el don y tenían el cargo de apóstol no fueron reconocidos públicamente como tales *per se*, salvo casos excepcionales como el Movimiento *Irvingites* de 1800 o la Iglesia Apostólica de 1900. Históricamente, se trató que los apóstoles tengan un bajo perfil, pero eso ya no sucede; actualmente, un número creciente de líderes cristianos reconocen y afirman tanto el don como el cargo de apóstol. ¡Los apóstoles han resurgido!

Nos llevó cien años llegar hasta aquí. Hasta donde yo sé, la precursora de esta Nueva Era Apostólica, fue la *African Independent Church* - AIC (Iglesia Independiente Africana), movimiento que comenzó alrededor del año 1900. Durante el siglo, el crecimiento de las iglesias independientes se diferenció de manera notable del de las iglesias tradicionales en el continente africano. Recientemente, el movimiento chino de iglesias tuvo lugar siguiendo las líneas apostólicas, y produjo lo que posiblemente sea la mayor cosecha de almas vista en una nación en un período de veinticinco años.

La fuerza evangélica más poderosa en América Latina de las últimas décadas ha sido lo que algunos llaman las "iglesias de base", que funcionan --valga la redundancia– sobre la base de los principios apostólicos.

La "Nueva Reforma Apostólica"

La frase con la que yo defino a este odre nuevo que Dios ha brindado a iglesias como las que mencioné recientemente es "Nueva Reforma Apostólica". Es "nueva" porque se diferencia de grupos de iglesias tradicionales que ya habían incorporado el término "apostólico" a su nombre oficial; es una "reforma" porque somos testigos del cambio más importante en cuanto a la forma de hacer iglesia desde la Reforma Protestante; y es "apostólica" porque el reconocimiento del don y el cargo de apóstol es el más radical de una extensa lista de cambios.

Veamos: si fue realmente el Espíritu el que les habló a las iglesias sobre el odre apostólico que describo en este libro, entonces debe existir una base bíblica al respecto. Efectivamente esto es así; en realidad existen tres versículos de la Biblia que son los textos "de prueba" que reconocen el don y cargo de apóstol. Repito, existen muchos otros versículos, pero estos son los principales:

Efesios 4:11
"Y él mismo constituyó a unos apóstoles;
a otros, profetas; a otros, evangelistas;
a otros, pastores y maestros"

"Él" es Jesús, quien repartió *dones* a su gente cuando ascendió al cielo luego de haber resucitado de los muertos y haber estado cuarenta días con sus discípulos (ver Efesios 4:8). Posteriormente, le dio a la iglesia *gente* dotada en dos niveles: (1) en el ámbito fundacional o gubernamental (ver Efesios 4:11) y (2) en el ámbito ministerial por medio de los santos (ver Efesios 4:12). Los cinco ministerios fundacionales o gubernamentales son: apóstoles, profetas, evangelistas, pastores y maestros.

Comúnmente se los denomina "los dones de la ascensión", ya que Jesús los dio por primera vez cuando ascendió. Sin embargo, otros se refieren a ellos como "el ministerio quíntuple", aunque este no es la mejor elección, ya que no es el versículo 11, sino el 12 el que menciona el "ministerio" como el rol de los santos, mientras que los apóstoles, profetas, evangelistas, pastores y maestros deben ser quienes los complementan para poder cumplir con ese ministerio. Es un tema menor, pero es la razón por la cual prefiero "cargos fundacionales o gubernamentales".

Efesios 2:20
"Edificados sobre el fundamento de los apóstoles
y profetas, siendo la principal piedra del ángulo
Jesucristo mismo"

Un himno muy conocido afirma "La base de la iglesia es Jesucristo, su Señor...". En un sentido teológico general esto es así porque no habría iglesia alguna sin la persona y la obra de Jesucristo. Sin embargo, en lo que se refiere al crecimiento y desarrollo de la iglesia después de su ascensión, Jesús prefiere ser reconocido no como los cimientos, sino como la piedra angular. Los cimientos de la iglesia a través de los años deben ser los apóstoles y profetas. La piedra angular es esencial porque sostiene los cimientos y mantiene la obra unida. Si la iglesia tiene a Jesús pero no tiene apóstoles o profetas, es posible que no cumpla con todas las expectativas que Dios tiene para ella.

La redacción de este versículo es otra de las razones por las cuales me gusta decir que los apóstoles, profetas, evangelistas, pastores y maestros son "cargos fundacionales".

1 Corintios 12:28

"Y a unos puso Dios en la iglesia, primeramente apóstoles, luego profetas, lo tercero maestros, luego los que hacen milagros, después los que sanan, los que ayudan, los que administran, los que tienen en don de lenguas"

Los números mencionados, *protón* (primero), *deuterón* (segundo) y *tritón* (tercero) indican que estos no son dones y cargos seleccionados al azar. Aquí, *protón* quiere dar a entender que los apóstoles son los primeros en el orden de secuencia, no necesariamente enfatizando la jerarquía. Para facilitar la comprensión, les diré que una iglesia sin apóstoles no funcionará tan bien como una iglesia con apóstoles.

Los apóstoles, trabajando de igual a igual con los profetas, desarrollan su misión: implementar lo que Dios quiere que sea hecho en la Tierra en un momento determinado.

Es interesante observar hechos. Primero, la iglesia tradicional interpretó que los apóstoles y los profetas eran cargos relegados a la era apostólica pasada y, segundo, eso ya no sucede. Basándonos en la opinión de la iglesia tradicional, y debido a la ausencia de los demás, los maestros deberían ser los primeros en el orden de prelación que enumera 1 Corintios 12:28. Dado que, supuestamente, ya no hay profetas y apóstoles, los maestros serían los próximos de la lista.

Durante casi quinientos años, gran parte del denominacionalismo protestante no fue dirigido por apóstoles y profetas, sino por maestros y administradores. ¿Que quiero decir con esto? Que si reflexionamos al respecto, la mayoría de las autoridades denominacionales son, al fin y al cabo, administradores. Desde que la prédica se convirtió en el punto principal de la vida congregacional semanal y el sermón la forma de canalizar la enseñanza, muchos pastores de iglesias locales se suponen maestros.

Es aún más fascinante pensar que a lo largo de los siglos en los cuales le dimos la espalda a este versículo y al orden de las autoridades de la iglesia que él indica, casi hemos evangelizado el mundo. ¡Imagine lo que sucederá ahora que las autoridades de la iglesia están organizadas de la manera correcta! Los administradores y maestros son una parte esencial para mantener el buen funcionamiento de la iglesia, pero los administradores serán mejores administradores y los maestros mejores maestros si los apóstoles y profetas están en el lugar que les corresponde.

Los apóstoles después de la Segunda Guerra Mundial

Aquí, en los Estados Unidos, Dios comenzó a preparar el camino para el resurgimiento de los apóstoles luego de la Segunda Guerra Mundial, al tiempo que algunas iglesias y agrupaciones de iglesias empezaron a reconocer el cargo de apóstol. Sin embargo, dicho movimiento eventualmente perdió fuerzas. Cuando reflexionamos sobre lo que sucedió en esos días, nos encontramos con frases tales como "Lluvia tardía",

"Movimiento de restauración", "Evangelismo de liberación" o "Movimiento pastoral", entre otras. Los líderes de estos movimientos tuvieron grandes expectativas y realmente creían que lo que ellos comenzaban reformaría a la iglesia, pero a pesar de todos los intentos y buenos propósitos, esto no sucedió. La mayor parte de estos movimientos de Dios, que surgieron luego de la Segunda Guerra Mundial, hoy ya no existen, y los pocos que aún subsisten tienen muy poca influencia.

Sin embargo, los líderes de estos movimientos fueron verdaderos pioneros. Aclaremos este punto: los movimientos apostólicos que surgieron luego de la Segunda Guerra Mundial fueron obra de Dios, ¡y fueron gloriosos! Muchas personas fueron salvas, sanas, libres, disciplinadas y algunas, incluso, enviadas a misiones. Pero muchos de estos pioneros, que lideraron estos movimientos, cometieron errores y no tendría que llamarnos tanto la atención, ya que cometer errores forma parte del hecho de ser pioneros en algo. Pensemos un minuto en los pioneros que conquistaron la parte oeste de los Estados Unidos. Ellos también cometieron errores; mataron demasiados búfalos, no cumplieron las promesas que le hicieron a los indígenas, arruinaron terreno fértil para cultivos, etc., pero a pesar de sus errores, fueron quienes prepararon el terreno para que Estados Unidos sea el país que es hoy y realmente los admiramos por eso. ¡Actuemos de la misma manera con los líderes cristianos de hace cincuenta años! Ellos fueron los pioneros que moldearon los odres y fueron parte fundamental para que el cuerpo de Cristo sea bendecido hoy.

Intercesores, profetas y apóstoles

Si bien el esfuerzo de estos líderes ha perdido fuerzas, no se desvaneció completamente. A comienzos de la década de 1990, Dios volvió a hablarle a la Iglesia acerca de la restauración del cargo de apóstol. Esta vez el proceso fue diferente, fue más gradual, e involucró a los intercesores y a los profetas. La década de 1970 trajo consigo el inicio de un enorme movimiento global de oración que aún hoy observamos. Como parte de ese movimiento, el cuerpo de Cristo comenzó a aceptar los dones y los cargos de los intercesores. En la década del 70 y aún en la del 80, era inusual, incluso raro, que las iglesias reconocieran a algunos de sus miembros como "sus intercesores", pero gracias a Dios, hoy eso ya no sucede. En la actualidad, las iglesias "raras" son precisamente aquellas que no reconocen la existencia de los intercesores.

Durante la década de 1980 los dones y cargos de profeta resurgieron en las iglesias . Esto no significa que los profetas estuvieron ausentes durante los años –e incluso siglos– anteriores, sino que fue en esta época cuando un sector mucho más amplio de la iglesia comprendió y reconoció el ministerio. Los profetas ganaron reconocimiento público durante la década de 1990, y hoy, aunque todavía dista mucho de ser perfecto, este ministerio es ampliamente aceptado y valorado en las iglesias.

Si meditamos sobre esa época, creo que podemos discernir y llegar a entender la lógica que Dios utilizó al permitir que los intercesores y profetas aparecieran en escena antes que los apóstoles. El rol de los intercesores es esencial para llenar el vacío y permitir las comunicaciones entre el cielo y la Tierra. Cuando esto se logra y la voz de Dios puede ser oída en forma más clara, comienza el rol de los profetas; ellos reciben los mensajes que Dios le envía a su pueblo. Luego, los apóstoles trabajan de igual a igual con los profetas y desarrollan su misión: implementar lo que Dios quiere que sea hecho en la Tierra en un momento determinado.

Al margen de esto, es posible que uno de los mayores obstáculos que tuvo este movimiento apostólico –posterior a la Segunda Guerra Mundial– fue que los intercesores y profetas no habían abierto adecuadamente el camino de los apóstoles.

Una nueva misión en la década de 1990

Lo que escribo acerca de los esfuerzos de los pioneros lo sé a través de comentarios de terceros. Yo he sido un ministro cristiano desde el año 1955; en ese momento los círculos evangélicos tradicionales en los cuales me movía no conocían casi nada acerca de los apóstoles y los evangelistas sanadores de entonces, y lo poco que había oído de ellos mientras estaba en el seminario, en los comienzos de la década de 1950, los relegaba al lugar del "sector más fanático". Yo no estaba muy al tanto de lo que hacía el movimiento apostólico hasta el año 1993; en ese año recibí una nueva misión por parte de Dios que me decía que mi prioridad debía ser levantar un ministerio apostólico. ¡No ha pasado mucho tiempo desde entonces!

Lo que nos remite a la cuestión del tiempo. Saquemos cuentas: la última mitad del siglo XXI, que comienza luego de la Segunda Guerra Mundial, ¡es solo el 3% de toda la historia cristiana!

El tiempo transcurrido desde el resurgimiento de esta idea a comienzos de la década de 1990 representa solo ¡LA MITAD del 1% de la historia de la Iglesia! La Nueva Reforma Apostólica es muy reciente, pero también es muy sólida y creo que no perderá fuerzas!

Algunos están en desacuerdo

Sabemos que algunos pueden no estar de acuerdo con esto. Volvamos a los pioneros de la Segunda Guerra Mundial; muchos líderes cristianos, muy respetados, de ese entonces, tomaron posición pública en contra del renaciente movimiento apostólico. Cada vez que los líderes apostólicos cometían algún error –aunque debemos reconocer que algunos de ellos no terminaron bien– sus oponentes estaban listos para decirles: "¡Yo te dije que esto sucedería!" Sospecho que la principal razón por la que el movimiento que tuvo lugar después de la Segunda Guerra Mundial no tuvo el éxito esperado fue la crítica, basada casi en su totalidad en hechos empíricos, lo que resultaba una prueba muy contundente para negar.

Aun hoy encontramos continuas críticas a la Nueva Reforma Apostólica. Tomemos el ejemplo de Vinson Synan. Pocos pueden negar que él es el principal historiador del Movimiento Pentecostal/Carismático de la actualidad. Su libro, *The Century of the Holy Spirit* (El siglo del Espíritu Santo) publicado por la editorial Thomas Nelson, es un libro muy reconocido. La gran estima que siento por Vinson es precisamente lo que me lleva a elegirlo como un representante contemporáneo de lo que podríamos llamar "la oposición". Vinson escribió: "Es axiomático decir que quien se dice un apóstol probablemente *no* lo sea. Un apóstol no es alguien auto designado o elegido por un organismo eclesiástico, sino elegido por Dios"[2]

Las Asambleas de Dios de los Estados Unidos, uno de los organismos cristianos más respetados de la actualidad, es aún más firme en su oposición a la Nueva Reforma Apostólica. Luego de la Segunda Guerra Mundial, el Consejo General de las Asambleas de Dios decretó, en 1949, que "La enseñanza de que la iglesia se construye sobre la base de los apóstoles y profetas actuales es 'errónea'".[3] Esta opinión se reiteró en el año 2000; la denominación declaró que "decir que los apóstoles y profetas deberían dirigir el ministerio de la iglesia es una "desviación de lo que dice la Biblia" y "una enseñanza errónea".[4]

¿Se disipará este movimiento?

La razón por la que presento estas críticas –y debo aclarar que no son las únicas ya que tengo más en mis archivos– es para responder si el presente movimiento apostólico corre peligro de disiparse como su predecesor. Personalmente, no creo que esto suceda, y para hacer esta afirmación me baso en las siguientes cuatro observaciones:

1. Hemos aprendido de los errores que cometieron los pioneros del movimiento y estamos decididos a no repetirlos.

2. Este movimiento está respaldado por el ministerio de intercesores y profetas, que hoy forman parte de esta trama y urdimbre.

3. La creciente bibliografía disponible sobre los distintos aspectos del ministerio apostólico, que comenzó a aparecer en la década de 1990, es impresionante. Los autores de estos libros crean un sólido fundamento bíblico, histórico y teológico para este movimiento.

4. El crecimiento de la responsabilidad apostólica, gracias a la formación de muchas unidades apostólicas que comparten la tarea de cuidar y velar por su ministerio y su carácter.

Según mi visión, Dios le ha dado a su Iglesia un nuevo odre y derramará en él vino nuevo en un futuro próximo.

Notas:
[1] J. Wilbur Chapman, *The Life and Work of Dwight L. Moody: presented to the Christian World as a Tribute of the Memory of the Greatest Apostle of the Age* (Chicago IL: J. S. Goodman & Co, 1900).
[2] Vinson Synan, "Who are the modern apostles?" *Ministries Today.* Marzo-abril de 1992, página 47.
[3] 1949 – Minutes of the General Council of the Assemblies of God. Resolución N° 7. "The New Order of the Alter Rain"
[4] "Endtime Revival – Spirit-Led and Spirit Controlled: A Response Paper to Resolution 16", Aceptado por el Presbítero General, Consejo General de las Asambleas de Dios, 11 de agosto de 2000, página 2.

Capítulo 2

¿Es un verdadero apóstol?

S e escucha con mucha frecuencia que la gente pregunta: "¿Es él un verdadero apóstol?" o "¿Es ella realmente un apóstol?" No se preocupe, no solamente la gente que observa el movimiento apostólico desde afuera hace estas preguntas; yo he escuchado a los mismos apóstoles haciendo estas preguntas sobre sus colegas. Es legítimo preguntarse cómo podemos saber si determinada persona es un verdadero apóstol; es más, si no podemos brindar una respuesta satisfactoria a dicha pregunta, la Nueva Reforma Apostólica se encontrará en arenas movedizas.

Observemos más detenidamente. ¿Por qué no escuchamos que alguien pregunta si determinada persona es realmente un/a pastor/a o un/a maestro/a o un/a evangelista? Después de todo, los pastores, maestros o evangelistas son tan parte de Efesios 4:8 como lo son los apóstoles y profetas.

Zonas de comodidad

Personalmente creo que la respuesta se relaciona con los siguientes tres puntos. En primer lugar con las zonas de comodidad; actualmente, muchos creyentes se sienten más cómodos con los maestros y pastores que con los apóstoles o profetas. ¿Por qué? Porque, como lo mencioné en el capítulo anterior, los apóstoles y profetas forman parte de un movimiento relativamente nuevo.

Históricamente, no creo que haya habido un momento en el que las iglesias del mundo no hayan tenido maestros. Los maestros han estado con nosotros desde la primera era apostólica. Los pastores, no obstante, surgieron con la Reforma Protestante, en reemplazo de los sacerdotes, por lo que hemos estado con los pastores por aproximadamente quinientos años.

Para sorpresa de muchos, los evangelistas comenzaron a ser reconocidos en los días de Charles Finney, alrededor del año 1800, y a pesar del poco tiempo que ha transcurrido desde entonces –ciento cincuenta años– nos sentimos cómodos con el cargo de evangelistas. Muchas publicaciones denominacionales, por ejemplo, incluyen periódicamente una lista de sus evangelistas oficiales, sin que esto llame la atención de nadie.

Dado que el llamado de Dios para levantar profetas y apóstoles en la iglesia comenzó hace aproximadamente veinte años, no debe sorprendernos que esto incomode a algunos. Las buenas noticias son que hoy cada vez más y más líderes afirman la validez de los cargos de profetas y apóstoles. La zona de comodidad apostólica está definitivamente en expansión en estos días.

Heridas personales

La segunda razón por la que algunos preguntan si es legítimo el uso del término apóstol se relaciona con las heridas personales. En el capítulo anterior mencioné que nuestros apóstoles pioneros cometieron errores. Uno de los efectos de esos errores fue el daño emocional que le causó a los individuos y familias haber formado parte de una estructura que luego descubrieron autoritaria, coercitiva y manipuladora en sobremanera. Algunos líderes del momento los han desilusionado, y aún hoy luchan contra esos sentimientos. Afortunadamente, las heridas de muchos de ellos han sanado y hoy siguen adelante. Es más, una nueva generación sale a escena; una generación que no relaciona a los líderes apostólicos con los errores cometidos, como lo hicieron sus padres.

Autoridad apostólica

La tercera razón por la que la pregunta es legítima se relaciona con la extraordinaria autoridad que reside en los apóstoles auténticos. Dada su importancia, explicaré este aspecto en detalle.

Los apóstoles se diferencian de los demás miembros del Cuerpo de Cristo, así como los ojos, los oídos o los pulmones se diferencian de los otros miembros del cuerpo humano. ¿Qué es lo que marca la diferencia entre ellos? Existen varios aspectos que diferencian a los apóstoles de los demás miembros de la iglesia, pero el más importante, aquel que se destaca, es la autoridad. Vemos esto en 1 Corintios 12:28: *"Y a unos puso Dios en la iglesia, primeramente apóstoles, luego profetas, lo tercero maestros, luego los que hacen milagros, después los que sanan, los que ayudan, los que administran, los que tienen don de lenguas"*.

En mi libro *"Churchquake!"* (Terremoto en la Iglesia) describo cómo funcionan las iglesias en la Nueva Reforma Apostólica en comparación con las denominaciones tradicionales. En él, he resaltado que la principal diferencia, sin lugar a dudas, es "la autoridad apostólica delegada por el Espíritu Santo a los hombres".[1] Las dos palabras operativas en esta afirmación son "autoridad" y "hombres".

¿Dónde está la confianza?

Generalmente, en las denominaciones tradicionales podemos hallar la autoridad en grupos, no en individuos, por eso estamos acostumbrados a las "Juntas de diáconos", "Consejos presbiterianos", "Consejos generales", "Convenciones anuales", "Sínodos NT" o "Asambleas generales", entre otros. Sin embargo, en la Nueva Reforma Apostólica el pastor es ahora el líder de la iglesia en lugar de un empleado de la iglesia. A nivel iglesia, el apóstol es uno de los miembros que más confianza por parte de los pastores y de otros líderes ha ganado, y tengamos presente que la confianza inevitablemente trae aparejada e imparte autoridad.

El apóstol Pablo no tenía inhibiciones para afirmar su autoridad apostólica. Por ejemplo, cuando la iglesia en Corinto se preguntaba si Pablo era realmente un apóstol, él respondió informándoles que no solo poseía autoridad apostólica, sino que incluso se gloriaba de ello: *"Porque aunque me gloríe algo más todavía de nuestra autoridad, la cual el Señor nos dio para edificación y no para vuestra destrucción, no me avergonzaré"* (2 Corintios 10:8).

¿De donde proviene esta extraordinaria autoridad? He hablado sobre esto en varios de mis libros anteriores, pero permítanme resumir aquí las cinco fuentes principales de autoridad apostólica:

1. *Los apóstoles tienen un don espiritual.* Hablaremos específicamente de los dones espirituales en el capítulo 4, así que solo afirmaré que existe el don espiritual de apóstol.

Saber que son apóstoles porque Dios los ha elegido para darles ese don, obviamente les brinda una sólida base de autoridad.

2 *Los apóstoles tienen una misión o un llamado.* Todos los apóstoles tienen el don de apóstol, pero no todos tienen la misma misión. Esto también será detallado en el capítulo 4, pero debemos tener presente que aquellos apóstoles que conocen la misión de ministerio que Dios les ha dado, saben que caminan en la voluntad de Dios. Saber esto los libera para moverse con autoridad.

3. *Los apóstoles tienen un carácter fuera de lo común.* Los apóstoles cumplen –o deberían cumplir– con los requisitos necesarios para que un líder de la iglesia sea irreprensible (ver 1 Timoteo 3:2). Hablaré sobre esto en el próximo capítulo, así que solo diré que no existe duda alguna que la santidad de carácter genera autoridad.

4. *Los apóstoles tienen seguidores.* La validación externa más importante para comprobar que un individuo tiene el don de apóstol es el reconocimiento de otros y la sumisión voluntaria de estos a la autoridad del apóstol.

5. *Los apóstoles tienen visión.* Los apóstoles reciben revelaciones de Dios y por ello pueden afirmar que *"esto es lo que el Espíritu le dice a las iglesias en este tiempo"*. Esta afirmación trae consigo una enorme autoridad.

Apóstoles auto designados

En el capítulo anterior cité a Vinson Synan. Vinson está en lo cierto cuando afirma: "Un apóstol no es alguien auto designado o electo por un organismo eclesiástico, sino que es elegido por el Señor mismo". Si meditamos sobre el significado de la palabra "apóstol auto designado" nos daremos cuenta que es un *oximoron*^{NT} semántico, ya que ningún apóstol auto designado es más o menos válido que un pastor o maestro auto designado. Es verdad que existen falsos apóstoles, falsos pastores y falsos maestros, que pueden ser auto designados, pero en este libro me refiero a los verdaderos apóstoles, no a los falsos.

La decisión y elección de Dios para que determinado individuo sea un apóstol, debe estar reconocida y reafirmada por la gente. Si alguien dice: "Dios me ha llamado a ser un apóstol" pero nadie está de acuerdo con él, mi duda no es si esa persona ha escuchado la voz de Dios, sino "¿Es un verdadero apóstol?" A lo cual respondo: "¡No!"

Por ejemplo, los corintios no votaron a Pablo para que sea un apóstol, pero cuando Pablo les escribió les afirmó claramente que su autoridad había sido dada por el Señor (ver 2 Corintios 10:8).

Don versus cargo

Esto nos lleva a establecer una diferencia crucial entre el don y el cargo. Debemos tener en claro que no son sinónimos. El don espiritual se otorga a una persona a través de la gracia de Dios y por elección de Dios. La palabra griega para "gracia" es "*charis*", la cual es parte, a su vez, de la palabra con la que se define al don espiritual "carisma". Recibimos un don por la gracia de Dios, pero recibimos un cargo por medio de obras. El cargo no lo da Dios, sino que lo otorgan los hombres; es un reconocimiento público a determinada persona que tiene un don espiritual, y por medio de ese reconocimiento se la autoriza a ejercer ese don dentro del Cuerpo de Cristo. Debemos ser conscientes de que Dios ha dado dones a mucha gente, pero no todos han cumplido su destino, ya que todavía no les fue dado su cargo.

El cargo de apóstol es conferido por personas responsables. Cuando dudamos, ¿es un verdadero apóstol? La pregunta que deberíamos hacer a continuación es: ¿quién reconoce a esta persona como un apóstol? Las personas que se subordinan a ellos tienen un rol muy importante en este reconocimiento, pero la afirmación de otros apóstoles es aún más importante. Esta es una de las razones por las cuales los apóstoles se reúnen espontáneamente en distintas asociaciones. Por ejemplo, yo dirijo la Coalición Internacional de Apóstoles (ICA, por su sigla en inglés), que fue creada para conectar entre sí a la mayor cantidad de apóstoles posible. Cuando esto sucede, existe un reconocimiento mutuo mucho más amplio de los cargos apostólicos; por eso se incrementa la credibilidad del ministerio apostólico contemporáneo en general.

Un determinado apóstol puede pedir la cooperación de colegas apostólicos que estén de acuerdo en que el/ella ha sido bendecido con el don de apóstol para darles el cargo apostólico en una ceremonia pública. Como parte de ese proceso de madurez del movimiento apostólico, esto sucede cada vez con más frecuencia. En mi opinión, creo que este acto debería ser conferido como un reconocimiento, no una ordenación. Digo esto porque, presumiblemente, el apóstol ha pasado por una ceremonia pública de ordenación al ministerio cristiano. Por ende, en la actualidad nombramos ministros que ya han sido ordenados.

Definamos al apóstol

Es curioso que, de toda la literatura que se ha publicado sobre el don y el cargo de apóstol, muy pocos autores han brindado una definición específica de lo que significa ser un apóstol. La más completa discusión sobre los distintos abordajes para llegar a una definición la encontramos en el libro de David Cannistraci *"Apostles and the Emerging Apostolic Movement"* (Los apóstoles y el movimiento apostólico emergente); él dice: "Un apóstol es aquél que ha sido llamado y enviado por Cristo para tener autoridad apostólica, carácter, dones y aptitudes a fin de alcanzar a las personas y establecerlas en el Reino en verdad y orden, es especial a través de la fundación y supervisión de iglesias locales".[2] Harold Eberle resume esto cuando afirma que "un verdadero apóstol es un ministro enviado por Dios para cumplir con un propósito determinado".[3]

El presente es mi quinto libro relacionado con los apóstoles, y en ninguno de los cuatro anteriores he brindado una definición de la palabra apóstol. Una de las razones para esto es que intuitivamente temía que cualquier definición a la que llegara iba a tener que ser revisada ¡y no solo una sino muchas veces! Sin embargo, ahora estoy preparado para tomar el riesgo y dar lo mejor de mí para dar forma a una definición que, si Dios quiere, no sufrirá muchas revisiones.

Un apóstol es un líder cristiano, al cual Dios dotó, enseñó, comisionó y envió con la autoridad necesaria para establecer el gobierno fundacional de la iglesia dentro de una esfera de ministerio asignada; oye lo que el Espíritu dice a las iglesias y "corrige lo deficiente" para lograr el crecimiento y madurez de la Iglesia.

He tratado de dar una definición que encuadre las características esenciales del apóstol. Espero que enuncie de manera clara las cualidades esenciales y necesarias que todos los apóstoles deben tener, cualquiera sea la misión apostólica específica que Dios le haya dado a cada uno de ellos.

Los apóstoles son diferentes

Es sumamente importante recordar que no todos los apóstoles son iguales. Watchman Nee hace observaciones muy interesantes respecto a tres de los apóstoles más reconocidos: Pedro, Pablo y Juan. Watchman señala que las diferencias que existen entre ellos no los enfrentan, sino que los complementan. Sí, son diferentes. Por ejemplo, Pedro tenía como misión primaria el ser una persona visionaria, echaba sus redes al mar, era un pionero, un evangelista. Pablo, si bien realizó algunas de las tareas que acabamos de mencionar, fue principalmente un edificador, dando a conocer el misterio de Cristo, llevando a los creyentes a la plenitud de su destino, estableciendo iglesias, etc. Juan fue un restaurador, que aparecía cuando los errores amenazaban a la iglesia, ayudaba a la gente de Dios a regresar al lugar donde debían estar.

Watchman Nee afirma: "Tenemos a Pedro, cuya primera preocupación era cosechar almas; tenemos a Pablo, el sabio edificador, y luego, cuando el fracaso amenaza, tenemos a Juan para reafirmar que todavía existe un propósito original, propósito que, en el pensamiento de Dios, nunca fue abandonado. El punto práctico de lo que estamos diciendo es este: "Se necesitan tres ministerios complementarios e interrelacionados para levantar la iglesia perfecta".[4]

Es precisamente porque los apóstoles son diferentes los unos de los otros, que soy reacio a ampliar la definición de apóstol para incluir muchas cualidades apostólicas que algunos verdaderos apóstoles no tienen. A fin de explicar esto, he realizado un listado de dieciséis características apostólicas que seguramente muchos, e incluso la gran mayoría de los apóstoles tienen, aunque no todos.

Muchos hermanos pueden pensar que algunos de estas cualidades deberían estar incluidas en la definición del apóstol, e interpretar que quien no esté afianzado en alguna de ellas no es un verdadero apóstol. Respeto esta posición –y tal vez estén en lo cierto– pero, no obstante, mi conclusión personal en este momento es que ninguna de estas características deben ser consideradas como una condición *sine qua non* al momento de responder la pregunta del millón: ¿Es un verdadero apóstol? Al mismo tiempo, estas características tienen fundamentos bíblicos y en su conjunto forman parte del proceso total de "corregir lo deficiente", que es parte esencial de la definición básica de "apóstol".

- *Ver a Jesús.* Por supuesto que los doce apóstoles originales vieron a Jesús, pero Pablo también lo vio. *"¿No soy apóstol? ¿No soy libre? ¿No he visto a Jesús el Señor nuestro? ¿No sois vosotros mi obra en el Señor?"* (1 Corintios 9:1). Pablo no vio a Jesús en persona, pero Jesús se le apareció camino a Damasco. Según una encuesta informal que realicé entre los apóstoles que conozco, alrededor del veinte por ciento de ellos han visto a Jesús.

- *Realizar manifestaciones supernaturales, tales como señales y prodigios.* "*Con todo, las señales de apóstol han sido hechas entre vosotros en toda paciencia, por señales, prodigios y milagros*" (2 Corintios 12:12). Casi todos los apóstoles que conozco han visto sanidades físicas en su ministerio, pero no todos han sido testigos de sanidades por medio de una sombra. ¿Se acuerdan de la historia de Pedro? (ver Hechos 5:15).

- *Edificar iglesias.* "*Conforme a la gracia de Dios que me ha sido dada, yo como perito arquitecto puse el fundamento, y otro edifica encima*" (1 Corintios 3:10). Es una característica apostólica muy importante que David Cannistraci incluye en su definición de apóstol (definición que cité previamente).

- *Designar y supervisar a los pastores (o ancianos) de iglesias locales.* Pablo y Bernabé edificaron iglesias, se fueron y regresaron. *"Y constituyeron ancianos en cada iglesia, y habiendo orado con ayunos, los encomendaron al Señor"* (Hechos 14:23). Tito, un miembro del equipo apostólico de Pablo en Creta, recibió instrucciones *"para que corrigieses lo deficiente, y establecieses ancianos en cada ciudad"* (Tito 1:5).

- *Conciliar los problemas que se presenten en la Iglesia.* Los creyentes de la iglesia de Corinto se peleaban bastante. Pablo escribe: *"Os ruego, pues, hermanos, por el nombre de nuestro Señor Jesucristo, que habléis todos una misma cosa, y que no haya entre vosotros divisiones, sino que estéis perfectamente unidos en una misma mente y en un mismo parecer"* (1 Corintios 1:10). Es muy común que los apóstoles sean llamados a realizar estas tareas.

- *Disciplinar e incluso apartar de la iglesia.* *"De cierto se oye que hay entre vosotros fornicación, y tal fornicación cual ni aún se nombra entre los gentiles; tanto que alguno tiene la mujer de su padre (...) En el nombre de nuestro Señor Jesucristo, reunidos vosotros y mi espíritu, con el poder de nuestro Señor Jesucristo, el tal sea entregado a Satanás para destrucción de la carne, a fin de que el espíritu sea salvo en el día del Señor Jesús"* (1 Corintios 5:1, 4-5). Rara vez los pastores están preparados para tomar drásticas decisiones como estas; en cambio, los apóstoles tienen muy pocas inhibiciones para realizar esto cuando es necesario.

- *Liderar a la iglesia en guerra espiritual.* Las palabras de Pablo a los efesios fueron *"Vestios de toda la armadura de Dios, para que podáis estar firmes contra las asechanzas del diablo. Porque no tenemos lucha contra carne y sangre, sino contra principados, contra potestades, contra los gobernadores de las tinieblas de este siglo, contra huestes espirituales de maldad en las regiones celestes"* (Efesios 6:11-12). Muy pocos apóstoles son pacifistas, espiritualmente hablando, y si bien una guerra puede llevar consigo algunos daños colaterales, están más que dispuestos a liderar las tropas para combatir al diablo. Al respecto, les recomiendo el libro de John Kelly *"End Time Warriors"* (Guerreros de los últimos tiempos).

• *Recibir revelación directamente de parte de Dios.* Nuevamente dirigiéndose a los efesios, Pablo escribe *"que por revelación me fue declarado el misterio, como antes lo he escrito brevemente, leyendo lo cuál podéis entender cuál sea mi conocimiento en el misterio de Cristo, misterio que en otras generaciones no se dio a conocer a los hijos de los hombres, como ahora es revelado a sus santos apóstoles y profetas por el Espíritu"* (Efesios 3:3-5). Algunos apóstoles reciben revelación directamente de parte Dios, otros la reciben a través de profetas y otros –probablemente la mayoría– la reciben de ambas formas.

• *Brindar amparo espiritual a otros líderes.* *"Os recomiendo además nuestra hermana Febe, la cual es diaconisa de la iglesia en Cencrea; que la recibáis en el Señor, como es digno de los santos, y que la ayudéis en cualquier cosa en que necesite de vosotros; porque ella ha ayudado a muchos, y a mí mismo"* (Romanos 16:1-2). *"Y si llega Timoteo, mirad que esté con vosotros con tranquilidad, porque él hace la obra del Señor así como yo. Por tanto, nadie le tenga en poco, sino encaminadle en paz, para que venga a mí, porque le espero con los hermanos"* (1 Corintios 16:10-11).

• *Sufrir persecuciones físicas.* *"He despojado a otras iglesias, recibiendo salario para serviros a vosotros (...) De los judíos cinco veces he recibido cuarenta azotes menos uno. Tres veces he sido azotado con varas; una vez apedreado; tres veces he padecido naufragio; una noche y un día he estado como naúfrago en alta mar"* (2 Corintios 11:8, 24-25).

• *Impartir dones espirituales.* ¿Por qué Pablo quería visitar Roma? Entre otras cosas para *"comunicaros algún don espiritual, a fin de que seáis confirmados"* (Romanos 1:11).

• *Trasmitir generacionalmente.* En otras palabras, esto quiere decir apadrinar a alguien en la fe. *"Porque aunque tengáis diez mil ayos en Cristo, no tendréis muchos padres; pues en Cristo Jesús yo os engendré por medio del evangelio"* (1 Corintios 4:15). Les recomiendo el libro de Larry Kreider *"The Cry for Spiritual Fathers and Mothers"* (Clamando por padres espirituales).

• *Atraer y distribuir recursos financieros. "Así que no había entre ellos ningún necesitado; porque todos lo que poseían heredades o casas, las vendían, y traían el precio de lo vendido, y lo ponían a los pies de los apóstoles; y se repartía a cada uno según su necesidad"* (Hechos 4:34-35). Muchos apóstoles poseen los recursos financieros necesarios para implementar la visión que Dios le ha dado.

• *Echar fuera demonios. "De tal manera que aún se llevaban a los enfermos los paños o delantales de su cuerpo, y las enfermedades se iban de ellos, y los espíritus malos salían"* (Hechos 19:12). No todos los apóstoles tienen ministerios de liberación, pero muchos sí.

• *Cortar maldiciones o brujerías.* Pablo rompió el espíritu de adivinación (hechicería) en Filipos (ver Hechos 16:16-18) y enfrentó directamente el hechicero Elimas, en Chipre (ver Hechos 13:8-11).

- *Ayunar con frecuencia.* Al mostrar sus credenciales como apóstol, Pablo menciona *"en muchos ayunos"* (ver 2 Corintios 11:27).

El carácter es una condición indispensable

Esta lista refleja lo que esperamos de los apóstoles. Podemos observar que los requisitos de este ministerio son realmente formidables. ¿No es así? Recuerden: *"A quien mucho se le da, mucho se le pide".* Espero que el presente capítulo les ayude a responder la pregunta ¿es un verdadero apóstol? Pero tengan presente que ninguna de estas dieciséis formas de ministerio pueden reemplazar a un corazón puro. El carácter de un apóstol, que explicaré en el próximo capítulo es una condición absolutamente necesaria para desarrollar un ministerio apostólico válido.

Notas:

[1] C. Peter Wagner, Churchquake! (Ventura CA: Regal Books, 1999). Página 75.

[NT] Expresión en la cual se emplean términos contradictorios para lograr énfasis.

[2] David Cannistraci, *"Apostles and the Emerging Apostolic Movement"* (Ventura CA: Regal Books, 1996). Página 29.

[3] Harold R. Eberle, *The Complete Wineskin* (Takira WA: Winepress Publishing, 1993). Página 26.

[4] Watchman Nee, *What Shall this Man do?* (Fort Washington PA. Christian Literature Crusade, 1961). Página 18.

Capítulo 3

El carácter de
un apóstol

Es posible que una amplia mayoría de los apóstoles –aunque no todos– edifiquen iglesias, vean a Jesús, sufran persecuciones físicas, ministren señales y prodigios y hagan el resto de las cosas que enumeré en el capítulo anterior. Sin embargo, ¿qué opinaría usted si yo afirmo que "la mayoría, aunque no la totalidad, de los apóstoles muestran un carácter ejemplar"?

Esta afirmación puede traer consigo una llamada de atención, ya que usted puede preguntarse: ¿Cómo es posible que haya personas, cuyo carácter falla notablemente, que esperan que otros sigan sus liderazgos? ¿Qué apóstoles pueden afirmar o nombrar a colegas que no estén viviendo según los deseos de Dios?

La característica principal de Pablo

Generalmente, cuando escribo sobre los apóstoles cito las epístolas a los Corintios. Por ejemplo, cuando hice la lista de las dieciséis características apostólicas que mencioné en el capítulo anterior, cité a Corintios en nueve oportunidades. La principal razón por la que estos dos libros del Nuevo Testamento contienen tanta información sobre los apóstoles, es porque existía un grupo de creyentes en la iglesia de Corinto que se negaban rotundamente a reconocer a Pablo como un verdadero apóstol.

Los corintios no se sentían a gusto con él y, como podemos imaginar, Pablo defendía su apostolado con todas sus fuerzas, como lo deja reflejado en sus dos cartas que les escribió.

Uno de los versículos en los que podemos apreciar esto es 2 Corintios 12:12; Pablo dice: *"Con todo, las señales de apóstol han sido hechas entre vosotros en toda paciencia, por señales, prodigios y milagros"*. Como hemos visto, las señales y prodigios eran comunes entre los apóstoles, pero es esta afirmación en particular, Pablo menciona primero a la paciencia —un rasgo del carácter— antes de las señales y prodigios.

Los apóstoles son apóstoles, no por ser perfectos, sino porque han cumplido con las normas de santidad y humildad que Dios ha dispuesto.

En la Versión Reina Valera, esta cualidad se tradujo como "paciencia", ya que tiene un significado más profundo que, por ejemplo, la simple espera en una fila de supermercado. David Cannistraci dice que significa "perseverar frente a la oposición", y "que es permanecer confiado mientras todo lo que nos rodea está fuera de control".[1] Cuando observamos a una persona con el propósito de evaluar si es un verdadero apóstol o no, lo primero que debemos tener en cuenta es su carácter. El carácter, por sobre todas las demás señales, es una condición indispensable y necesaria para el ministerio apostólico.

Bill Hamon está de acuerdo con esta afirmación. Él dice "la nueva camada de apóstoles será motivada por el espíritu de la sabiduría (...) Ministrarán en la fe que funciona por el amor (...) Su carácter estará de acuerdo con los frutos del Espíritu Santo (...) Sus actitudes, acciones y relaciones con otras personas se darán de acuerdo a los atributos del amor como fue revelado en 1 Corintios capítulo 13".[2]

Cannistraci lo resume de la siguiente manera: "Obviamente existen las señales, prodigios y proezas, pero tener esas gracias y aptitudes y no tener un carácter en sintonía con el Espíritu es inútil y aún peligroso". Y concluye: "El apostolado es una cuestión de carácter por sobre cualquier otra cualidad".[3]

Aprobando los exámenes bíblicos

Aquellos apóstoles a los cuales conozco lo suficientemente bien como para evaluar su carácter, han aprobado los "exámenes bíblicos". Esto no me sorprendió, en realidad era lo que esperada. Una persona no puede ser un verdadero apóstol sin un extraordinario carácter. Esta arrolladora afirmación se basa en un supuesto: dado que es Dios, y solo Él, quien hace apóstol a una persona, es de esperar que Dios no le confiaría el don de apóstol a una persona que no cumpla con las normas de santidad y humildad que Él ha impuesto. ¿Verdad?

Observe que no he usado el término "perfección". Personalmente, no creo que exista persona sobre la Tierra, ni existirá, que no tenga actitudes, acciones o relaciones con otras personas que tenga que mejorar. La palabra griega *teleios*, que generalmente se traduce como "perfecto", no significa una moral sin fallas, sino madurez. Cuando Jesús dijo: *"Sed, pues, vosotros perfectos como vuestro Padre que está en los cielos es perfecto"* (Mateo 5:48), quiso decir que estamos para cumplir todos los propósitos que Dios pensó para nuestras vidas. Me gusta como *The Message* (El mensaje) tradujo este versículo "Deben madurar. Son súbditos del Reino. Ahora vivan como tal. Cumplan el destino que Dios ha propuesto para vuestras vidas. Mantengan una relación bondadosa y agradable con los demás, de la forma que Dios quiere que lo hagan; según sus planes".

Los apóstoles están en la cima de la escala

Estamos de acuerdo en que nadie es perfecto, ¿verdad? Si coincidimos en esto, debemos acordar que, en la escala hacia la perfección, se espera que los apóstoles estén en una posición superior que la mayoría de los creyentes. ¿Por qué digo esto? Porque Dios tiene un doble criterio de juicio. Yo sé que esto sorprenderá a algunos, pero medite en lo que dice la Biblia en Santiago 3:1: *"Hermanos míos, no os hagáis maestros muchos de vosotros, sabiendo que recibiremos mayor condenación"* (subrayado por el autor).

En otras palabras, Dios tiene un criterio para juzgar a los líderes y otro para el resto de la iglesia. En Santiago, un ejemplo de líderes lo constituyen los maestros, pero 1 Corintios 12:28 dice: *"Y a unos puso Dios en la iglesia, primeramente apóstoles, luego profetas, lo tercero maestros..."*. Si los maestros enfrentan un juicio estricto, es obvio que los apóstoles serán juzgados de una forma aún más estricta.

Los apóstoles son apóstoles, no por ser perfectos, sino porque han cumplido con las normas de santidad y humildad que Dios ha dispuesto.

Santidad apostólica

Creo que es posible vivir, un día a la vez, sin pecado. Santidad no es un ideal anhelado pero difícil de obtener, sino que es una cualidad personal posible. La Biblia dice: *"Sino, como aquel que os llamó es santo, sed también vosotros santos en toda vuestra manera de vivir"* (1 Pedro 1:15). Dios no nos pediría algo que nos fuera imposible de cumplir, y observe que nos pide ser santos en "todo" –no dice en "algunas cosas de" o en "la mayoría de"– nuestro comportamiento.

Cuando digo que podemos vivir sin pecado, no estoy diciendo que alguna vez lleguemos a un lugar donde no haya ni una remota posibilidad de pecar. Sí, es posible, incluso probable que cada uno de nosotros peque, seguramente más de una vez. Sin embargo, cuando pecamos, le confesamos ese pecado a Dios y Él, al perdonarnos, nos limpia. No debemos dejar que pase un solo día sin confesar nuestros pecados. Obviamente, un pecado ocasional no significa una falla de carácter. No obstante, puede convertirse en una si no podemos solucionarlo inmediatamente y, peor aun, si repetimos ese pecado una y otra vez.

Cuando los apóstoles de Jesús, dos veces en un año y medio, le pidieron que les enseñara cómo orar, Jesús les enseñó lo que nosotros conocemos como el *"Padrenuestro"*. Si oramos el Padrenuestro diariamente, tendremos lo que necesitamos para dar nuestros primeros pasos en el camino de la santidad. Cuando oramos "perdona mis pecados" sería bueno que recordemos todo lo que hicimos durante ese día para ver si algún pecado quedó sin confesar. Si estamos llenos con el Espíritu Santo, Él nos ayudará a recordar aquellos pecados para poder confesarlos. Luego decimos "no me dejes caer en tentación", creyendo que Dios responderá a nuestra oración. También pedimos "y líbranos de todo mal" y, si esa oración es respondida, estaremos protegidos a lo largo de ese día. Al acostarnos, podremos pensar en el día que pasó como un día en el cual hemos agradado a Dios por medio de nuestra vida santa.

Yo espero que los apóstoles tengan una vida santa, porque la santidad individual es una de las características que deben tener los líderes, según lo que nos dice la Biblia. Veamos, por ejemplo

1 Timoteo 3:1-3: *"Palabra fiel: si alguno anhela obispado, buena obra desea. Pero es necesario que el obispo sea irreprensible, marido de una sola mujer, sobrio, prudente, decoroso, hospedador, apto para enseñar, no dado al vino, no pendenciero, no codicioso de ganancias deshonestas, sino amable, apacible, no avaro".* En este versículo se detallan las cualidades que deben tener los obispos, pero estos pueden y deben aplicarse, por extensión, de igual forma a los apóstoles.

De estos requisitos, pocos se relacionan con dones o aptitudes tales como liderar, tener visiones, el don de la sanación o el de la profecía, el de la oratoria, para nombrar algunos. Es obvio que la enseñanza estará presente, pero el conjunto de los dones se relacionan con el carácter: una familia sólida, autocontrol, madurez, hospitalidad, moderación, paz, posesiones materiales, etc.

Carácter intachable y buena reputación

En realidad, de los requisitos descriptos el primero y el último, *"carácter intachable"* que significa ser irreprensible y *"tener un buen testimonio entre los hombres"*, son los más apasionantes. A fin de mantener su ministerio como Dios lo ha diseñado, los apóstoles deben tener un carácter intachable. Pablo es un ejemplo de esto. ¿Podía Pablo retar a los corintios por sus fallas morales y por los defectos en su carácter? Sí. ¿Por qué? Porque tenía una reputación intachable como apóstol. Podía afirmar: *"Porque aunque de nada tengo mala conciencia, no por eso soy justificado pero el que me juzga es el Señor"* (1 Corintios 4:4), lo que le permitía a su vez, asegurar con integridad: *"Por tanto, os ruego que me imitéis"* (1 Corintios 4:16).

Los apóstoles que, por la razón que sea, no pueden decirles a sus seguidores "imítenme", tendrían que reevaluar la validez de su llamado apostólico.

Orgullo

Uno de los requerimientos para el liderazgo, descrito en 1 Timoteo capítulo 3, es: *"No un neófito, no sea que envaneciéndose caiga en la condenación del diablo"* (v. 6). El orgullo es un obstáculo para el ministerio apostólico, y debemos recordar que la tentación siempre está presente, dada la cantidad inusual de autoridad depositada en los apóstoles. Uno de los estereotipos más comunes, que los críticos del movimiento apostólico denuncian, es que los apóstoles son arrogantes, autoritarios, manipuladores y altaneros; en una palabra, ¡que son orgullosos!

Personalmente, he tenido el privilegio de conocer más apóstoles que la mayoría de las personas, y debo decir que entre los apóstoles auténticos, ungidos por Dios, poderosos, productivos, enérgicos, enfocados en su tarea que conozco, no hay uno a quien pueda calificar como orgulloso. Admito que, superficialmente, algunos aparentan ser orgullosos en determinados acontecimientos públicos, pero rara vez esa impresión persiste luego de conocerlos un poco.

Humildad apostólica

Avancemos un poco más. Cuando meditamos al respecto, llegamos a la conclusión de que nadie puede llegar a ser un apóstol real, verdadero y legítimo si no es humilde. ¿Qué quiero decir con esto? Que podemos tomar literalmente el axioma de Jesús cuando dijo: *"Porque el que se enaltece será humillado, y el que se humilla será enaltecido"* (Mateo 23:12). Los apóstoles tienen uno de los cargos más exaltados de la iglesia, según 1 Corintios 12:28: *"primero apóstoles"*. Según las palabras del propio Jesús "la única forma de ser exaltado es siendo humilde". Gordon Lindsay dijo "los verdaderos apóstoles manifiestan su ministerio apostólico mediante su humildad".[4]

Sería bueno que dejemos de lado algunas inhibiciones que generalmente tenemos cuando hablamos de la humildad. Sé que es difícil de lograr, pero yo pude hacerlo; es más, he dejado tan de lado las inhibiciones que he escrito un libro al respecto, titulado precisamente *"Humildad"*. En él afirmo que debemos hablar de nuestra propia humildad más de lo que lo hemos hecho en el pasado. Moisés lo hizo: *"Moisés era muy manso, más que todos los hombres que había sobre la tierra"* (Números 12:3). Jesús lo hizo, y afirmó: *"Llevad mi yugo sobre vosotros, y aprended de mí, que soy manso y humilde de corazón; y hallaréis descanso para vuestras almas"* (Mateo 11:29). Pablo también: *"Yo Pablo os ruego por la mansedumbre y ternura de Cristo, yo que estando presente ciertamente soy humilde entre vosotros"* (2 Corintios 10:1) ¡y hasta comparó su humildad con la de Jesús!

La humildad es una elección. Jesús dijo que Él exaltaría a aquellos que se humillen. Los apóstoles que han visto las bendiciones y unciones de Jesús en su ministerio han aprendido a humillarse. Es verdad que lleva tiempo, pero a medida que maduramos se nos hace más fácil. Es por esta razón que, como hemos observado anteriormente, la Biblia nos advierte sobre designar neófitos –novatos o principiantes– en posiciones de líderes, para que no *"caiga en la condenación del diablo"* (1 Timoteo 3:6). Si algunos apóstoles no se humillan, lo más probable es que Dios intervenga y los humille Él mismo. Si eso sucede, y cuando eso sucede, es muy tarde.

Lamento informarles que hace poco tiempo que estoy en la ICA (Coalición Internacional de Apóstoles) y ya he tenido que alejar de su cargo a cuatro apóstoles por serias deficiencias morales. Dios los humilló; ya no eran intachables, ya no eran irreprensibles. Si bien pueden ser restaurados, las cosas nunca volverán a ser iguales.

¡El carácter es un requisito indispensable para ministrar como un apóstol!

Notas:

[1] David Cannistraci, *Apostles and the Emerging Apostolic Movement* (Ventura CA: Renew, 1996). Página 108.

[2] Bill Hamon, *Apostles, Prophets and the Coming Moves of God* (Santa Rosa Beach FL: Christian International, 1997). Página 39.

[3] Cannistraci, página 107.

[4] Gordon Lindsay, *Apostles, Prophets and Governments* (Dallas TX: Christ for the Nations, 1988). Página 14.

Capítulo 4

Dones espirituales y misiones apostólicas

E n el capítulo 2 sugerí que una de las principales fuentes de autoridad apostólica era que Dios mismo fue quien le dio el don de apóstol a determinados individuos que Él mismo eligió.

Prometo explayarme al respecto en los capítulos siguientes, pero ahora me referiré y dedicaré tiempo a los dones espirituales.

¿Por qué lo hago? porque he descubierto que, sorpresivamente, el nivel general de comprensión de la enseñanza bíblica sobre dones espirituales, así como la aplicación practica de dicha enseñanza en el ministerio actual, no es muy alto entre algunos líderes de la Nueva Reforma Apostólica.

Charismata y carisma

A primera vista, esto podría resultar extraño, ya que la mayoría de los apóstoles se ven a sí mismos como "carismáticos", lo que significa que basan una buena parte de su identidad en el hecho de moverse en *charismata*, el término bíblico para dones espirituales. Los dones espirituales son muy importantes para todos los apóstoles, la mayoría de ellos generalmente predican y enseñan sobre los dones espirituales. Estoy seguro que la mayoría de ellos se sorprendería al leer, en un libro como este, que es extremadamente aconsejable aumentar nuestro conocimiento sobre los dones espirituales y llevarlo a un nuevo nivel. Permítanme explicarme al respecto.

La encuesta de George Barna

Siempre pensé que el movimiento apostólico tenía áreas para mejorar en cuanto al tema de los dones espirituales, pero no obstante mi pensamiento, siempre traté de dejar el tema de lado "para más adelante". Mi llamado "a despertar" llegó en febrero de 2001, por medio de una encuesta sociológica sobre dones espirituales publicada por el investigador George Barna. Antes de continuar, permítanme explicarles que tengo un interés superior al normal en los dones espirituales; enseño sobre este tema desde el año 1950 y escribí dos libros al respecto; uno de ellos, *Your Spiritual Gifts Can Help Your Church Grow* (Tus dones espirituales pueden contribuir al crecimiento de tu iglesia), está en su 39° edición, y ha vendido más de 250.000 copias.

Les comento esto para que comprendan por qué los hallazgos de George Barna me sorprendieron tanto. Yo pensaba que la iglesia estaba empapada en el tema de comprender y ministrar los dones espirituales. Creí que casi todos lo entendían, y secretamente pensé que, tal vez, mi libro podría ser de ayuda al respecto. ¡Error! Uno de los resultados que más me sorprendió de la encuesta de George es que el número de cristianos nacidos de nuevo que no creen tener dones espirituales, ¡está en aumento!

Barna descubrió que el porcentaje de cristianos adultos que creían no tener ningún don espiritual en 1995 era del 4%. No estaba tan mal. Pero para el año 2000 ese porcentaje había aumentado de ¡4% a 21%! Imagine qué podría pasar si esta tendencia sigue en aumento, podríamos estar en el umbral de una generación de creyentes que creen no tener dones. ¡Qué oportunidad potencial para los ataques del mundo de la oscuridad! Creo que es hora de activar la alarma de atención. ¿No le parece?

Un segundo descubrimiento es que muchos cristianos ni siquiera saben qué son realmente los dones espirituales. Algunos incluyen en sus listas de dones espirituales cosas tales como el sentido del humor, o la facilidad para la poesía, o una buena personalidad, o incluso, ir a la iglesia.[1] ¿Qué tienen que ver estas cualidades con el ministerio apostólico?

Busquemos la causa

Esta bien reconocer que nuestro conocimiento sobre los dones espirituales no esté pasando por su mejor momento, pero es necesario analizar esto para poder comprender por qué sucede esto y cuál es el origen y causa de esto. Admito que algunos cuentan con explicaciones perspicaces, pero personalmente me inclino a asociar este fenómeno desalentador, al menos hasta cierto punto, con el movimiento apostólico.

El grupo de iglesias que más crecieron durante el período que comprende la encuesta de Barna, fueron las iglesias pertenecientes a la Nueva Reforma Apostólica. Vale aclarar que estas no son las iglesias más grandes, sino las que poseen el índice de crecimiento anual más elevado. Los investigadores descubrieron que, si bien estas iglesias son, en su mayoría, invariables en cuanto a su concepción evangélica, el grueso de su crecimiento se debe a que llegaron personas provenientes de otras iglesias y no a conversiones adultas. Si esto es verdad, entonces los miembros de estas iglesias apostólicas en crecimiento recibían menos enseñanza de la que es aconsejable sobre los dones espirituales, lo que puede justificar, en parte, los resultados de la encuesta.

Mi corazonada es que si Barna hubiera encuestado sobre dones espirituales a dos grupos separados, por ejemplo los evangélicos tradicionales por un lado y pentecostales, carismáticos y nuevos creyentes apostólicos por el otro, los evangélicos tradicionales hubieran respondido afirmativamente en una proporción mayor. Es verdad que, tal vez, ellos no hablan en lenguas, ni profetizan, ni sanan enfermos ni echan fuera demonios tanto como los otros, pero generalmente poseen un entendimiento bíblico más claro sobre cómo se espera que funcionen y qué rol deben tener los dones espirituales en la iglesia.

Tengamos presente que la mayoría de esas transferencias de miembros de iglesias en los Estados Unidos han sido de creyentes provenientes de iglesias evangélicas más tradicionales a iglesias apostólicas. Mi esposa Doris y yo lo sabemos por experiencia propia, ya que lo hicimos en el año 1996. Es sabido que muchas personas que cambiaron de iglesia testificarán que su vida espiritual y su relación personal con el Señor mejoraron considerablemente, gracias a esa decisión, y no tengo ninguna duda al respecto. Pero también creo que, tal vez, el tema del uso de los dones espirituales en la iglesia se haya pasado por alto y, por lo tanto, contribuyan a los hallazgos de George.

¿Por qué muchas de las nuevas iglesias apostólicas son débiles en cuanto a los dones espirituales?

Genealogía espiritual apostólica

Para saberlo debemos regresar a la genealogía espiritual. Alrededor del 80% de las nuevas iglesias apostólicas tienen su origen en el movimiento carismático independiente que comenzó aproximadamente en el año 1970. Por su parte, la mayoría de las iglesias carismáticas independientes tienen sus raíces en el pentecostalismo clásico. Si bien la mayor contribución del movimiento pentecostal al Reino de Dios es la restauración de la visión bíblica sobre la persona y la obra del Espíritu Santo, este movimiento tiene dos serias fallas en cuanto a la forma en la cual funcionan los dones espirituales. La primera consiste en que los dones espirituales son solo nueve; la segunda es la visión *situacional*, en comparación con la visión *constitucional* de los dones espirituales.

Analicemos cada una de ellas en detalle.

Los nueve dones del Espíritu

Cuando los pentecostales en Estados Unidos y en otras partes del mundo comenzaron a bautizarse o a ser llenos del Espíritu Santo, resurgieron algunos dones espirituales bíblicos a los cuales las iglesias bautistas, metodistas, presbiterianas o luteranas no estaban acostumbradas. Los dones que diferenciaban a las iglesias pentecostales de las otras iglesias, tales como el don de lenguas, interpretación de lenguas, profecías, sanación de enfermos, discernimiento de espíritus y/o milagros, parecían estar agrupados en la primera parte de 1 Corintios 12. En consecuencia, los líderes pentecostales, de forma natural, se focalizaron en la parte de las Escrituras que describe solo nueve dones espirituales.

Para ellos, estos nueve dones parecían representar una distinción cualitativa que los diferencia de otras actividades que hallamos en casi todas las otras iglesias, sean pentecostales o no, tales como hospitalidad, administración, evangelismo, servicio, exhorto, misericordia, caridad o ayuda.

El resultado de esto es que el pentecostalismo clásico generalmente se refiere a "*los* nueve dones espirituales del Espíritu Santo". Muchos pentecostales esperarían una prédica, o un libro, o un ensayo teológico o una clase especial sobre los "dones espirituales" que aborde estos nueve dones hallados en la primera parte de 1 Corintios capítulo 12; pero el Nuevo Testamento contiene una lista más extensa de dones. Especialistas llegarán a diferentes conclusiones respecto a la cantidad total de dones espirituales, pero la lista que he utilizado en mi último libro sobre dones espirituales *"Discovering your spiritual gifts"* (Descubriendo tus dones espirituales), contiene veintiocho dones bien definidos.

Una vez que Dios nos da un don, pasa a ser un atributo más, una característica personal por la que somos responsables y al cual debemos utilizar sabiamente como buenos administradores de la gracia de Dios.

¿De qué forma se relaciona esto con los resultados de la encuesta de George Barna? Muchos miembros de las iglesias apostólicas han heredado la teoría de que solo existen nueve dones espirituales. Sin embargo, muchos creyentes, incluso de iglesias pentecostales, no hablan lenguas, ni profetizan, ni sanan enfermos ni echan fuera demonios, pero disfrutan de la compañía de personas que sí lo hacen. Así que cuando un encuestador les pregunta si ellos tienen algún don espiritual, inmediatamente se remiten a esa lista, y como no tienen ninguno de esos *nueve* dones, responden "no". No se les ocurre que pueden estar ministrando en uno o más de los otros diecinueve dones –aproximadamente– porque, en la iglesia a la que ellos concurren, esos otros dones no son reconocidos de la misma manera que los otros nueve.

En otras palabras, se da la errónea conclusión de que si no se tiene ninguno de esos nueve dones enumerados en 1 Corintios 12:8-10, entonces no se tiene ningún don espiritual.

La visión situacional de los dones espirituales

La segunda falla en el pensamiento pentecostal clásico sobre los dones espirituales se relaciona con la visión *situacional* de los mismos. Permítanme explicarles la diferencia entre la visión *situacional* y la visión *constitucional* de los dones espirituales.

La visión *situacional* da por sentado que los creyentes pueden recibir y disponer de todos los dones espirituales cuando los necesiten. Dicho de otra forma, si la "situación" requiere que cierto ministerio se aplique, entonces Dios le dará a la persona el don espiritual apropiado para cumplirlo. Raramente esa persona volverá a utilizar ese don, pero se utilizó cuando la situación lo requirió.

La visión constitucional

La visión *constitucional* de los dones espirituales toma de forma más literal la analogía bíblica del Cuerpo de Cristo. Las personas que recibieron dones deben funcionar como miembros de un cuerpo. En el cuerpo humano, un ojo tiene los atributos y las cualidades inherentes a él, los riñones funcionarán siempre como riñones, y así sucesivamente. Lo mismo sucede en el Cuerpo de Cristo; una persona con el don de evangelismo no solo le habla a una persona de Jesús aquí y allá, sino que ministra regular y poderosamente llevando a los no creyentes a los pies de Cristo, por lo que ese don de evangelismo no es una capacidad fugaz que se utiliza en una situación determinada, sino que forma parte de la constitución de ese cuerpo.

Según esta visión, los dones son dados como posesiones que los acompañarán toda la vida, y aquellos que los tienen son responsables de utilizarlos de una forma efectiva y provechosa.

La visión *constitucional* de los dones espirituales concuerda más profundamente con la idea bíblica de que la iglesia funciona como un cuerpo humano. También brinda el fundamento para que los creyentes se focalicen en el don o los dones que han recibido, desarrollándolos y mejorando su uso con el tiempo. La idea de que yo tengo un don hoy, pero mañana ya no lo tendré, reduce el incentivo de invertir el tiempo, energía y dinero necesario para desarrollarlos y lograr la excelencia requerida en el área de ministerio que nos fue otorgada.

Lenguas espirituales

Si estoy en lo cierto, fueron los primeros líderes pentecostales los que desarrollaron la visión *situacional* de los dones espirituales, a fin de explicar el fenómeno de las lenguas. Imaginen, de repente, un gran número de creyentes de Topeka y Los Ángeles comenzaron a hablar en lenguas. Tal como lo han documentado los historiadores del movimiento, estos líderes pentecostales fueron extremadamente fervorosos, tanto en sus espíritus como en los ministerios bíblicos de poder. No eran particularmente sofisticados en lo que al conocimiento de la teología bíblica se refiere, pero sí sabían que las lenguas eran uno de los dones espirituales bíblicos, y por lo tanto asumieron que quien hablaba en lenguas debía haber sido bendecido con el don de lenguas.

Seguidamente a esto, tuvieron que explicar el subsiguiente fenómeno de que algunos que habían sido "bautizados con el Espíritu Santo", hablaban en lenguas pero solo una vez o esporádicamente. Era obvio que estas personas no tenían el don de lenguas como aparentemente tenían otros, así que concluyeron que el don les había sido otorgado, pero para una situación específica –por ejemplo, para el bautismo en el Espíritu Santo– y tal vez esa experiencia se repitiera en otra oportunidad, pero no era una posesión permanente. Esta explicación dio origen a lo que yo llamo "visión *situacional*" de los dones espirituales.

Funciones versus dones

Simplemente si tenemos en cuenta la diferencia entre dones espirituales y funciones cristianas, la visión constitucional de los dones espirituales podría haber explicado más claramente y con un mayor fundamento bíblico el fenómeno que acabamos de describir. Existen algunas cosas que se esperan de los cristianos, no porque tengan algún don, sino por el simple hecho de ser cristianos. Por ejemplo, cada cristiano tiene la misión de ser testigo de Cristo aún cuando solo algunos tienen el don de evangelismo; cada cristiano tiene la tarea de dar diezmos y ofrendas, pero solo algunos tienen el don de apóstol; cada cristiano tiene que tener fe, pero solo algunos tiene el don espiritual de la fe, etc.

La visión pentecostal acerca de las lenguas –con la cual algunos de nosotros podemos estar en desacuerdo– es que cada cristiano tiene que hablar en lenguas al menos una vez como forma de validar el bautismo en el Espíritu Santo; pero este hecho no debe ser confundido con el don de lenguas, que otras personas sí tienen.

La visión *constitucional* de los dones espirituales tiene la ventaja de explicar los fenómenos que suceden cuando el Espíritu Santo desciende sobre las personas, que permanecen leales a la analogía bíblica sobre los dones espirituales que los compara a las funciones de las partes del cuerpo humano.

El don de apóstol

El don espiritual de apóstol es uno de los veintiocho dones que aparecen en mi lista. Obviamente, sería muy difícil explicar el don de apóstol desde la visión *situacional*. Ninguno de nosotros hubiera esperado que Pablo, o Pedro o Juan se despertara un día sin el don de apóstol. ¿No es así? Ni hubiéramos esperado que algún miembro de las iglesias de Éfeso,

Roma o Jerusalén reciba el don de apóstol de vez en cuando durante su vida cristiana. ¿No? No, sabemos que tanto en esa época como en la actualidad, una vez que Dios nos da un don, pasa a ser un atributo más, por el que somos responsables y al cual debemos utilizar sabiamente como buenos administradores de la gracia de Dios.

Como dije anteriormente, una de las cosas que brinda un extraordinario poder y autoridad a los verdaderos apóstoles, es saber que Dios les ha confiado un don, el don de apóstol, y que no les será quitado.

Misiones apostólicas

Mas allá de eso, saber cuál es su misión apostólica les proporciona una mayor confianza en el ministerio que el Espíritu Santo realiza a través de ellos. Si bien todos los apóstoles tienen el don de apóstol, no todos tienen la misma misión. Pablo escribió: *"Ahora bien, hay diversidad de dones, pero el Espíritu es el mismo. Y hay diversidad de ministerios, pero el Señor es el mismo. Y hay diversidad de operaciones, pero Dios, que hace todas las cosas en todos, es el mismo"* (1 Corintios 12:4-6).

Permítanme explicarles esto tomando como ejemplo el don de evangelista; todos los evangelistas tienen el don, pero algunos tienen el ministerio de evangelismo público mientras otros tienen el ministerio de evangelismo personal. ¿Se entiende? Por supuesto, algunos tienen ambos ministerios, pero ese es otro tema.

Aquellos que tiene el ministerio de evangelismo público tienen diferentes "actividades"; algunos son evangelistas que recorren ciudades donde realizan grandes campañas, algunos son evangelistas itinerantes que van de iglesia en iglesia, otros cumplen con su ministerio de evangelismo público desde la iglesia que pastorean, etc.

Me gusta agrupar "ministerios" y "actividades", dentro de las categorías de "misiones" y "misiones divinas". Es Dios quien da los dones y quien da las misiones. Las formas en las cuales diferentes apóstoles ministran con diferentes misiones, es uno de los temas principales de este libro. Hablaremos sobre esto en detalle en los capítulos 6 y 7.

Notas:

[1] Ver "Awareness of Spiritual Don is Changing" . Publicado por Barna Research Group, Ltd. (Ventura CA) 5 de febrero de 2001, páginas 1-2.

Capítulo 5

El poder de un título

Todos los que hemos leído la Biblia a lo largo de los años, estamos familiarizados con frases tales como: *"Pablo, llamado a ser apóstol de Jesucristo por la voluntad de Dios y el hermano Sóstenes"* (1 Corintios 1:1), o *"Pablo, apóstol (no de hombres ni por hombres sino por Jesucristo y por Dios el Padre que lo resucitó de los muertos)"* (Gálatas 1:1), o *"Pablo, apóstol de Jesucristo por la voluntad de Dios, y el hermano Timoteo"* (Colosenses 1:1), o *"Pedro, apóstol de Jesucristo, a los expatriados de la dispersión en el Ponto, Galacia, Capadocia, Asia y Bitinia"* (1 Pedro 1:1), entre otras.

Exhibiendo el título

¿Qué es lo que están haciendo Pablo y Pedro? Están exhibiendo sus credenciales, el título de apóstoles, en lugares públicos.

De hecho, Pablo muestra sus credenciales apostólicas en al menos nueve de sus trece epístolas. Pedro, a su vez, lo hace en sus dos epístolas. Es verdad que ellos utilizan otros títulos, además del de apóstoles, por ejemplo: Pablo se proclama *"sirviente"* en dos epístolas y Pedro en una. Pablo también se denomina *"prisionero"* en su epístola a Filemón. En las Epístolas de Santiago, Juan y Judas, la palabra "apóstol" no se utiliza; ellos eligieron llamarse *"sirvientes"* y *"ancianos"*, ambas en dos ocasiones.

A modo de resumen, los autores de las epístolas del Nuevo Testamento eligieron llamarse a sí mismos de la siguiente forma:

- Apóstol: en once ocasiones.
- Sirviente: en cinco ocasiones.
- Anciano: en dos ocasiones.
- Prisionero: en una ocasión.

Debe existir un significado, no solo superficial o circunstancial, para que la palabra apóstol sea preferida por los líderes que escribieron las epístolas del Nuevo Testamento, y que sea utilizada casi el doble de veces que los demás términos. Personalmente creo que una de las razones para esto es el poder que reside en el título. Aquellos privilegiados a los que Dios les dio el don espiritual de apóstol y aquellos a quienes los representantes humanos del Cuerpo de Cristo les confiaron el cargo de apóstol, aparentemente, son capaces de cumplir la misión divina en forma más efectiva con el título de apóstol que sin él. Meditemos al respecto.

Fue Jesús quien eligió el título

¿De donde proviene el título de "apóstol" aplicado al liderazgo cristiano? El mismo Jesús fue el primero en utilizarlo; recuerden que luego de orar toda una noche, "[Jesús] *llamó a sus discípulos y escogió a doce de ellos, a los cuales también llamó apóstoles"* (Lucas 6:13). Esta palabra –apóstol– no aparece en el Antiguo Testamento, por lo que deducimos que es un término que el propio Jesús eligió para aplicarlo a ciertos líderes del Nuevo Testamento. Jesús no inventó la palabra apóstol, ya que era una palabra común en su tiempo. El término griego "apóstoles" significa "mensajero", específicamente "mensajero con un propósito u objetivo en particular".

No obstante, los apóstoles del Nuevo Testamento no eran mensajeros en un sentido general sino que, como vemos en los casos de Pedro y Pablo, se proclamaban apóstoles de Jesucristo. Esto es importante porque tal título lleva consigo una dimensión de gran autoridad; es una autoridad de "embajadores". Es como Joe Doe, el Embajador por Estados Unidos en Japón. En Japón se lo conoce como el Embajador Joe Doe, o el Sr. Embajador, para cumplir esta tarea. El título es inevitablemente necesario, ya que lleva consigo la autoridad que el propio Presidente de los Estados Unidos le ha delegado. Sin este título, Joe Doe es simplemente Joe Doe, y le sería imposible cumplir con muchas de las tareas que le fueron asignadas.

Podemos concluir que Jesús tenía un propósito específico al elegir el término "apóstol" para identificar a los doce hombres a quienes consideraba especiales dentro de su amplio círculo de discípulos. Es por esta razón que nos llama la atención que por siglos, la iglesia haya evitado utilizar de este título. Es raro porque, tal como lo vimos en el capítulo 2, parece que nos sentimos cómodos al utilizar los títulos que describe Efesios 4:11 para cargos gubernamentales o fundacionales. Es decir, no tenemos inconvenientes en decir "Pastor Miguel", "Reverendo Johnson" o "Evangelista Billy Graham". Generalmente, la gente me llama "Dr. Wagner", principalmente por mi tarea de maestro. Si bien yo lo acepto, me niego a hacer alarde de ello –aunque estoy orgulloso de haber logrado mi doctorado– y en conversaciones diarias prefiero que me llamen simplemente "Peter".

Quebrantemos fronteras

"Doctor Juan" es una cosa, pero "Apóstol Juan" es otra, ¿verdad? Admito que, aún a mí, me suena un poco extraño, pero es precisamente porque nos lleva fuera de nuestra zona de comodidad (¿recuerdan?). Así que, aunque nos cueste adecuarnos, esto es parte esencial del nuevo paradigma que Dios nos ha dado como iglesia. Estoy firmemente convencido de que una de las cosas que el Espíritu le está diciendo a las iglesias en estos días es que debemos mantener en el lugar correcto –según las Escrituras– a las autoridades de la iglesia, y que una parte importante del proceso es comenzar a utilizar el título de apóstol cuando sea necesario, aunque nos resulte incómodo.

El Nuevo Testamento utiliza la palabra "apóstol" muchas más veces que cualquier otro título que enuncia el versículo 11 del capítulo 4 de Efesios, títulos con los cuales los líderes cristianos parecen sentirse más a gusto:

- Apóstol: setenta y cuatro veces.
- Maestro: catorce veces.
- Profeta: ocho veces.
- Evangelista: tres veces.
- Pastor: tres veces.

Con el adjetivo no basta

Un número importante de líderes cristianos actuales no tiene problemas en utilizar el adjetivo "apostólico", pero evitan por todos los medios usar el sustantivo "apóstol". Hablan de "liderazgo apostólico", o "iglesias apostólicas" o "ministerio apostólico", y esperan que al utilizar estas expresiones se entienda que describen a los apóstoles. En ocasiones, incluso utilizan el adjetivo como sustantivo y dicen "lo apostólico". En mi opinión, está elección debilita considerablemente el sentido bíblico que Dios desea darle a las autoridades de la iglesia. Un dato interesante es que busqué la palabra "apostólico" en la concordancia de mi Biblia ¡y no la encontré!

Existen al menos dos razones por las cuales algunos prefieren utilizar el término "apostólico", antes que el término bíblico "apóstol". La primera razón se relaciona con que algunos no creen que existan apóstoles en la iglesia actual, y la segunda se relaciona con los que sí creen. Veamos los ejemplos.

Estoy firmemente convencido de que una de las cosas que el Espíritu le está diciendo a las iglesias en estos días es que debemos mantener en el lugar correcto —según las Escrituras— a las autoridades de la iglesia, y que una parte importante del proceso es comenzar a utilizar el título de "apóstol" cuando sea necesario.

Algunas personas utilizan el adjetivo y no el sustantivo como forma de afirmar que el título "apóstol" se dejó de usar cuando la historia de la iglesia cumplió doscientos años aproximadamente. En el capítulo 1 de este libro mencioné que las Asambleas Americanas de Dios han aceptado esta posición y lo han dado a conocer a través de un informe denominacional oficial. El informe trata de demostrar que algunas personas –¡como yo!– interpretan erróneamente las Escrituras y versículos tales como 1 Corintios 12:28, Efesios 2:20 y 4:11. Le atribuyen "la enseñanza –problemática– de que hoy los cargos de apóstoles y profetas deben gobernar los ministerios de la iglesia en todos sus niveles", a "personas con un espíritu independiente y una creencia exagerada de su importancia en el reino de Dios".

El informe concluye con un adjetivo, no un sustantivo: "Afirmamos que existen hoy y deben existir en el futuro ministerios del tipo apostólico y profético en la Iglesia, sin identificar a individuos en esos cargos".[1]

Un enfoque conciliador

Por otra parte, aquellos que sí creen que existen apóstoles en la iglesia actual, también prefieren utilizar el término "apostólico" en lugar de "apóstol", ya que sienten que el adjetivo no es tan provocador y, por lo tanto, brinda un enfoque conciliador. Tomar esta actitud puede ser recomendable y tal vez una decisión inteligente, al menos por un tiempo determinado. Un ejemplo de esto es el primer libro, ampliamente difundido, sobre el movimiento apostólico en Australia, *The 21st Century Church Out There* (La Iglesia del siglo XXI) de Ben Gray.

En él se utiliza solo el adjetivo. Sin embargo, en el segundo libro australiano al respecto, *The Apostolic Revolution* (La revolución apostólica), David Cartledge venció la renuencia y utiliza libremente el sustantivo "apóstol". Este hecho, junto con muchos otros factores que incluyen conferencias apostólicas clave de Ben Gray, ha ubicado a Australia en el lugar de una de las naciones más avanzadas en entender, comprender y aplicar el concepto de autoridad apostólica a la vida de la Iglesia.

Creo que John Eckhardt, en su libro *Leadershift*, hace una muy buena observación al respecto; John es un partidario a utilizar el título, y durante años ha aceptado cordialmente la designación de "Apóstol John Eckhardt". En el libro mencionado afirma que cuando las autoridades de la iglesia están en orden y cuentan con uno o varios apóstoles, cada iglesia puede ser una iglesia apostólica, donde cada creyente debería ser apostólico, cada maestro debería ser apostólico, cada pastor debería ser apostólico, etc. Si esto es así, creo que está claro que el adjetivo "apostólico" tiene su lugar, pero no debe ser utilizado como un sustituto del sustantivo "apóstol"

¿Es la palabra apóstol una señal de peligro?

La discusión acerca de utilizar o no el título de apóstol es un tema que siempre está presente. No voy a dar nombres, pero leí un dialogo en Internet que me interesó y voy a transmitirlo a ustedes:

Persona A: "Una visión pastoral no constituye una base suficiente para la iglesia; un pastor quiere cuidar las ovejas que tiene. Sin embargo, una visión evangelista centra sus esfuerzos principalmente en lo futuro, lo que va a conseguir, lo cual es importante pero puede implicar fallarle a las ovejas que ya tiene. Es necesario tener una visión apostólica del reino de Dios para poder sostener la superestructura que Dios quiere construir".

Persona B: "Estoy plenamente de acuerdo. Sin embargo, yo trato de no utilizar el título y he buscado focalizarme en la función, principalmente porque el lenguaje puede interpretarse de tantas formas...".

Persona A: "Algunos se presentan como apóstoles cuando en verdad no lo son. Otros cumplen la función de apóstoles pero no quieren el título. Es un término que asusta a mucha gente".

Estas dos personas coincidían en que el peligro que conlleva la palabra apóstol es que algunos pueden sentirse ofendidos. Puede llevar a desunión en el Cuerpo de Cristo. Creo que están haciendo una correcta observación, pero también que los temores no están justificados. Me temo que algunos están tan preocupados en preservar el *status quo* que la unidad cristiana se convierte en un objetivo en sí misma. Cuando esto sucede es muy difícil realizar cambios y seguir ampliando el Reino de Dios, especialmente cuando Dios trata de formar odres nuevos.

Este podría haber sido el caso de los líderes del movimiento apostólico que tuvo lugar luego de la Segunda Guerra Mundial.

En su libro *The Coming Saints Movement* (El movimiento de los santos), Bill Hamon afirma: "El movimiento restaurador Lluvia Tardía enseñó, en lo referido a los apóstoles y profetas, que estos nunca llegaron a impactar o a estremecer a la Iglesia del mundo, porque los llamados a los cargos nunca los recibieron efectivamente o porque se negaban a aplicar el título de apóstol o profeta para designarlos"[2] Lamentablemente, no llegaron a comprender el poder que tiene el título, que formaba parte de la oposición más sólida que tuvo el movimiento en aquellos días.

Dicho esto, debo aclarar que, en la actualidad, me he encontrado con menos oposición de la que esperaba originalmente en relación con el don y el cargo de apóstol. Manifestamos públicamente la idea de una Nueva Reforma Apostólica en el Simposio Nacional sobre la Iglesia Post-denominacional, que se llevó a cabo en el año 1996, durante el Seminario Fuller. Ninguna corriente de oposición se había materializado hasta ese momento en el ámbito nacional. En consecuencia, el riesgo de que el título de apóstol pueda ser una llamada de atención o una señal de peligro puede no ser tan riesgoso como algunos imaginaban.

Los apóstoles no se hacen en un día

Uno de los libros más visionarios sobre liderazgo apostólico es *"Apostles"* (Apóstoles) de Bill Scheidler. Este libro transcribe una entrevista personal con Dick Iverson, el fundador de Ministres Fellowship International (MFI) en Portland, una de las principales redes apostólicas de los Estados Unidos. Dick Iverson se ha desempeñado como un apóstol desde hace años, pero se había resistido, durante mucho tiempo, a aceptar el título por el abuso que el término había tenido. Imaginen, existían sospechas que la gente se hacía llamar apóstol en beneficio propio. Imprudentemente, algunos profetas habían sido cómplices de esto al afirmar como apóstoles a personas que tal vez no lo eran.

Iverson cuenta esta historia: "Una persona de unos 20 años se presentó una mañana en mi oficina; me dijo que era un apóstol, que había decidido volver a su casa y que esperaba ser recibido como tal en su pueblo. Bueno, eso podría suceder dentro de, tal vez, veinte años, pero personalmente no creo que él regrese y de un día para el otro sea reconocido como apóstol".[3]

¿Cómo es reconocida una persona como apóstol? No existe un proceso definido, pero Dick Iverson sostiene que para que un hombre, como el de su historia, por ejemplo, sea realmente un apóstol, tienen que suceder cuatro supuestos:

El apóstol tiene que conocer el llamado de Dios personalmente.

El liderazgo de su iglesia local tiene que afirmarlo.

La congregación de la iglesia local del apóstol debe estar de acuerdo con ello.

Aquellos a quienes el apóstol estableció y afirmó en la fe tienen que reconocerlo.[4]

La lucha contra el título

Me gusta la forma en la que el apóstol Trevor Newport del Reino Unido describe su experiencia al aceptar ser un apóstol.[5] Newport, ahora miembro de la Coalición Internacional de Apóstoles, fue pastor durante catorce años antes de escuchar a Dios que le decía: "Yo te he hecho un apóstol, por favor, acéptalo". Esto era particularmente difícil para él, ya que había decidido que nunca se haría llamar apóstol y luchó contra esto tres años.

El punto de inflexión llegó cuando, en una conferencia de pastores, Colin Urquhart, un reconocido apóstol inglés, dijo: "He luchado para aceptar el llamado apostólico durante tres años". Esto llamó tanto la atención de Trevor Newport, que luego de la conferencia oró y simplemente dijo: "Esta bien Señor, acepto el llamado apostólico, aunque no sé exactamente lo que eso significa". ¿Puede ser que el simple hecho de aceptar el título de apóstol traiga aparejado poder?

El poder del título

Newport relata que dos semanas más tarde, estaba en una reunión de oración con ocho personas más cuando, de repente, la presencia del Señor llenó la habitación. "Estábamos tan llenos y conmovidos, que no nos podíamos mover ni hablar, ¡solo podía mover mis ojos! En ese momento vi bajar del cielo a tres ángeles con Jesús en medio de ellos, Él vino directo a mí y me dijo: 'Hola Trev, soy tu hermano Jesús. He venido a decirte que tu ministerio está por comenzar. ¡Chau!' Luego de decirme esto, se acercó nuevamente a los ángeles y volvieron al cielo. Yo estaba absolutamente sorprendido!' En ese momento no comprendí lo que estaba sucediendo o el efecto que ese momento tendría sobre mi ministerio".

"Hasta ese momento, yo solo tenía una iglesia que estaba en su etapa inicial. A partir de esa visita, los pastores me llamaban y me preguntaban si podían estar bajo mi amparo espiritual ¡y eso que no le había contado a nadie acerca de mi visión! En solo dos años *Life Changing Ministries* (Ministerios de transformación de vidas) creció y tuvo ocho iglesias en el Reino Unido, diecisiete en Sri Lanka, veinticinco en Nepal, una en Japón, muchas iglesias en India y una en Colorado. He escrito dieciséis libros y ministré en cincuenta países."

Tres años, tres ministerios

Cuando descubrí que tanto Trevor Newport como Colin Urquhart habían luchado durante tres años antes de aceptar el título de apóstol, repasé mi propia historia y observé que yo también me había resistido durante el mismo tiempo. La primera palabra profética sobre mi ministerio apostólico la recibí de

Cindy Jacobs, en julio de 1995, y la segunda fue a través de una intercesora, Margaret Moberly, dos meses más tarde. ¡En ese momento realmente no sabía qué hacer! Pero a comienzos del año 1998, Dios me habló nuevamente, esta vez en una reunión pública, a través del profeta Jim Stevens. En ese momento me convencí que debía comenzar mi ministerio apostólico, pero todavía no estaba listo para ello.

Mi problema era que no sabía qué clase de apóstol era, pero fue durante ese mismo año cuando comencé a entender que existían distintas clases de esferas apostólicas. Una vez que pude definir cuál era mi esfera de autoridad, estaba listo para aceptar el título y recibir el poder divino que venía con él. En el próximo capítulo les explicaré cómo aclaré mis dudas al respecto.

No obstante, antes de hacerlo debo agregar algo sobre el tiempo. En la Cumbre Apostólica Europea, que tuvo lugar en Oslo, Noruega, en el año 2002, realice una encuesta informal entre algunos apóstoles europeos para ver cuánto tiempo había transcurrido desde el momento en que supieron en su interior que eran apóstoles, hasta el momento en que se sintieron cómodos con el término apóstol y permitieron que la gente los llamara así en público. De los veinticinco apóstoles que respondieron, ninguno había aceptado el título antes de los tres años. Los resultados fueron:

Tres años: nueve apóstoles.
Cuatro años: tres apóstoles.
Cinco años: dos apóstoles.
Seis o más años: once apóstoles.

Estos resultados son útiles para neutralizar aquellas críticas –muy frecuentes– que dicen, por ejemplo, que los apóstoles son individuos inseguros con un insaciable apetito por los títulos.

Notas:

[1] Ver "Endtime Revival – Spirit-Led and Spirit Controlled: A Response Paper to Resolution 16". Subsección "Deviant Teachings Dissaproved" emitido por el Presbítero General del Consejo General de las Asambleas de Dios, 11 de agosto de 2000.

[2] Bill Hamon, *The Coming Saints Movements* (Santa Rosa Beach FL: Christian International, 2002). Página 139.

[3] Bill Scheidler, "Apostles: The Fathering Servant" (Portland OR: CityBible Publishing, 2001). Página 191.

[4] Ídem, pp. 181-182.

[5] Extracto de correspondencia personal entre Trevor Newport y el autor, 26 de enero de 2001.

Capítulo 6

Tres amplias esferas apostólicas de ministerio

He reiterado una y otra vez que la característica principal que distingue a los apóstoles de otros miembros del Cuerpo de Cristo, es su extraordinaria autoridad. La Nueva Reforma Apostólica es el cambio más radical en la forma de hacer iglesia desde la Reforma Protestante y, muy probablemente, de todos los cambios que puedan nombrarse, el principal es la cantidad de autoridad espiritual delegada a las personas por el Espíritu Santo. Sé que no es la primera vez que afirmo esto, pero vale la pena repetirlo.

Ejemplos bíblicos

Observemos algunos ejemplos bíblicos de lo que significa para un apóstol ejercer la autoridad:

- Apóstol Pedro: *"Pero hubo también falsos profetas entre el pueblo, como habrá entre vosotros falsos maestros, que introducirán encubiertamente herejías destructoras, y aún negarán al Señor que los rescató, atrayendo sobre sí mismos destrucción repentina"* (2 Pedro 2:1). ¡Esto sí que es un lenguaje enérgico!

- Apóstol Santiago: *"Por lo cual yo juzgo que no se inquiete a los gentiles que se convierten a Dios"* (Hechos 15:19). Esta fue una de las declaraciones apostólicas más decisivas que jamás se han hecho. Hablaré nuevamente sobre Santiago y el Consejo de Jerusalén más adelante.

- Apóstol Juan: *"Si alguno viene a vosotros, y no trae esta doctrina, no le recibáis en casa, ni le digáis: ¡Bienvenido!"* (2 Juan 10). ¡Juan estaba muy seguro de sí mismo y de su enseñanza!

- Apóstol Pablo: *"¡Oh, gálatas insensatos! ¿quién os fascinó para no obedecer a la verdad, a vosotros ante cuyos ojos Jesucristo fue ya presentado claramente entre vosotros como crucificado? Esto solo quiero saber de vosotros: ¿Recibisteis el Espíritu por las obras de la ley, o por el oír con fe? ¿Tan necios sois? ¿Habiendo comenzado por el Espíritu, ahora vais a acabar por la carne?"* (Gálatas 3:1-3). *"Si alguno no obedece a lo que decimos por medio de esta carta, a ese señaladlo, y no os juntéis con él, para que se avergüence"* (2 Tesalonicenses 3:14). Según puede verse aquí, ¡quien estaba en desacuerdo con Pablo estaba en serios problemas!

Las esferas apostólicas determinan la autoridad apostólica

Si usted lee el libro de Hechos y las Epístolas que lo siguen, podrá observar citas muy similares de frases dichas por los apóstoles. No podemos cuestionar que, en la práctica, los apóstoles poseían una extraordinaria autoridad, pero avancemos un poquito más allá. ¿Dónde se aplicaba la autoridad? Porque no se aplicaba a todas las áreas, solo funcionaba dentro de la/s esfera/s apostólica/s de cada apóstol.

Tomemos, por ejemplo, la relación del apóstol Pablo con el pueblo de Corinto. Este es un buen ejemplo porque en la iglesia de Corintio había algunos creyentes que cuestionaban directamente la autoridad apostólica de Pablo, y decidieron que no iban a obedecerlo. ¡Tremendo error! Pablo se dirige a ellos en 2 Corintios, capítulos 10 y 11.

Las críticas a Pablo

¿Qué le criticaban a Pablo? Cuatro cosas:

1. ¡Pablo era desagradable y aburrido! *"Porque a la verdad, dicen, las cartas son duras y fuertes; más la presencia corporal débil, y la palabra menospreciable"* (2 Corintios 10:10).

2. ¡Pablo no era tan bueno como los verdaderos apóstoles! *"Y pienso que en nada he sido inferior a aquellos grandes apóstoles"* (2 Corintios 11:5).

3. ¡Pablo solo estaba interesado en el dinero! *"¿Pequé yo humillándome a mí mismo para que vosotros fueseis enaltecidos, por cuanto os he predicado el evangelio de Dios de balde? He despojado a otras iglesias, recibiendo salario para serviros a vosotros"* (2 Corintios 11:7-9).

4. ¡Pablo se había autodenominado apóstol y, por lo tanto, no tenía autoridad! *"Porque aunque me gloríe algo más todavía de nuestra autoridad, la cual el Señor nos dio para*

edificación, y no para vuestra destrucción, no me avergonzaré" (2 Corintios 10:8).

"Gloriándose" de la autoridad

No es para sorprenderse que Pablo se sintiera triste con estas acusaciones. Les contestó directamente en los versículos que les acabo de mencionar, pero también se dirigió a ellos en una forma más amplia, explicándoles el concepto de "esferas apostólicas". Pablo no solo sabía que poseía una autoridad extraordinaria, sino que se gloriaba de ella en varias ocasiones en 2 Corintios 10 y 11. Por ejemplo, en 2 Corintios 10:8, dice que él se gloría en su autoridad, y agrega rápidamente que su autoridad solo proviene del Señor. La palabra griega para esto implica gloriarse por medio de actos de Dios. Por lo tanto, Pablo no se estaba auto exaltando, sino que exaltaba a Dios, quien había elegido dotarlo con autoridad divina.

∞

"Los apóstoles tienen una autoridad impresionante, pero fuera de esa esfera específica que Dios les delimitó, tienen la misma autoridad que cualquier otro miembro del Cuerpo de Cristo".

∞

Pablo sabía que la autoridad apostólica que había recibido por parte de Dios solo podía aplicarse a determinados lugares y en determinados momentos, no era apóstol de todo el cuerpo de Cristo en todo el mundo. En 1 Corintios 9:1-2 escribió: *"¿No soy apóstol? ¿No soy libre? ¿No he visto a Jesús el Señor nuestro? ¿No sois vosotros mi obra en el Señor? Si para otros no soy apóstol, para vosotros ciertamente lo soy; porque el sello de mi apostolado sois vosotros en el Señor".* Subrayé esa frase en particular, porque en ella Pablo admite que él no es apóstol de todos. Por ejemplo, él no era apóstol en Alejandría, en Jerusalén o en Roma, sino que era apóstol en Corinto, en Éfeso, en Filipos, en Galacia y en muchos otros lugares que formaban parte de "su esfera".

Gloriándose en esferas específicas

Pablo se gloría de su autoridad divina en esferas específicas según lo vemos en 2 Corintios 10 y 11. A continuación detallo dos citas de estos capítulos, en las cuales resalto las palabras "gloriar" y "esferas":

"Porque aunque me gloríe algo más todavía de nuestra autoridad, [nuestra esfera] la cual el Señor nos dio para edificación y no para vuestra destrucción, no me avergonzaré; ". En otras palabras, los corintios están bajo la autoridad apostólica de Pablo porque forman parte de la espera apostólica que Dios le dio. *"Pero nosotros no nos gloriaremos desmedidamente, sino conforme a la regla que Dios nos ha dado por medida, para llegar también hasta vosotros. Porque no nos hemos extralimitado, como si no llegásemos hasta vosotros, pues fuimos los primeros en llegar hasta vosotros con el evangelio de Cristo. No nos gloriamos desmedidamente en trabajos ajenos, sino que esperamos que conforme crezca vuestra fe seremos muy engrandecidos entre vosotros, conforme a nuestra regla;"* (2 Corintios 10:13-15).

"Por la verdad de Cristo que está en mí, que no se me impedirá esta mi gloria en las regiones de Acaya" (2 Corintios 11:10). Corinto estaba ubicada en la provincia romana de Acaya, una de las esferas asignadas a Pablo.

Limites a la autoridad apostólica

Permítanme resumir esto con uno de los pensamientos más importantes de este libro: "Los apóstoles tienen una autoridad impresionante, impartida por Dios, pero fuera de esa esfera específica que Dios les delimitó, tienen la misma autoridad que cualquier otro miembro del Cuerpo de Cristo".

Creo que esto es verdaderamente importante. Muchos líderes del movimiento apostólico actual podrían mejorar su conocimiento práctico sobre los principios generales de las esferas apostólicas, así como su comprensión acerca de qué son estas esferas apostólicas y cómo pueden ser definidas. Como resultado de esto, algunos ministros apostólicos no solo pueden ser malinterpretados, sino que incluso pueden ser rechazados por algunos que han tratado de aplicar estos principios en las esferas incorrectas.

Como lo detallé en el capítulo 4, todos los apóstoles, por definición, tienen el don espiritual de apóstol. Sin embargo, no todos los apóstoles tienen el mismo ministerio o actividad. Esta afirmación es una aplicación de lo que 1 Corintios 12:4-6 dice: *"Ahora bien, hay diversidad de dones, pero el Espíritu es el mismo. Y hay diversidad de ministerios, pero el Señor es el mismo. Y hay diversidad de operaciones, pero Dios, que hace todas las cosas en todos, es el mismo".*

Ministerios apostólicos y actividades apostólicas

Entonces, ¿cuáles son las diferencias entre "ministerios" y "actividades" que tienen las personas bendecidas con el don de apóstol?

Mientras intento dar respuesta a este interrogante, los lectores deben recordar que mi investigación metodológica no es filosófica, ni teológica –en el sentido clásico– ni exegética, ni revelacional, sino fenomenológica. Tendré que utilizar términos que no tiene fundamento bíblico, porque creo que además de usar la Palabra de Dios, también se la puede combinar con observaciones a las obras de Dios.

Trato de abordar este tema desde dos perspectivas: (1) ¿qué debe hacer Dios?; y (2) ¿qué es lo que hace actualmente? Lo que el Espíritu le ha dicho a las iglesias es una cosa, pero lo que el espíritu dice hoy es otra cosa.

En el próximo capítulo trataré de brindarles una taxonomía más detallada de las esferas apostólicas, pero por ahora observemos tres amplias categorías de ministerio apostólico que hemos evidenciado hasta el momento. Digo "hasta el momento", porque seguramente una investigación futura podría revelar más categorías o tal vez requerir una purificación de alguna de ellas, pero estas nos brindan un punto de partida. Estas categorías son "apóstoles verticales", "apóstoles horizontales" y "apóstoles de mercado".

Apóstoles verticales

Muchos apóstoles están dentro de esta categoría; son los que lideran las redes de iglesias o ministerios, o individuos que buscan su "amparo" espiritual, y quienes se sienten cómodos bajo la autoridad de un apóstol particular. Un modelo de apóstol vertical es el apóstol Pablo. Muchas iglesias buscaron a Pablo y su amparo apostólico, como también lo hicieron Timoteo y Tito.

Mientras compilaba mi libro *The New Apostolic Churches* (Las nuevas iglesias apostólicas), invité a dieciocho apóstoles a escribir experiencias personales acerca de sus redes apostólicas. Todos ellos eran apóstoles verticales; lo que quiero decir es que cada uno lideraba una red apostólica. Coincidentemente, opinaron que la principal esfera espiritual en la cual su autoridad recibía la unción divina, era la red particular en la cual se movían. Los apóstoles verticales son tan comunes que, en los primeros tiempos de investigación, jamás se me hubiera ocurrido que existían otras clases de apóstoles.

Apóstoles horizontales

A diferencia de los apóstoles verticales, los apóstoles horizontales no tienen a su cargo iglesias, ministerios o individuos a quienes brindar su amparo espiritual. Ellos ayudan a otros líderes, como ellos, a conectarse entre sí para lograr diferentes propósitos. Nuestro mejor ejemplo bíblico es Santiago de Jerusalén, quien convocó el Consejo de Jerusalén para considerar y decidir si era necesario que los gentiles fueran circuncidados y convertidos al Judaísmo para poder ser salvos. Recordemos que este no es el Santiago que formó parte de los doce apóstoles originales.

En realidad, había dos apóstoles entre los doce llamados Santiago; del primero sabemos muy poco, casi nada, y el otro era el hijo de Zebedeo y miembro del circulo más intimo de Jesús –que lo conformaban Pedro, Santiago y Juan–. Al primero lo asesinó Herodes (ver Hechos 12). Este Santiago era hermano de sangre de Jesús, hijo de María y José. Era un líder en la iglesia de Jerusalén.

Aclaro esto porque los apóstoles que fueron a Jerusalén invitados por Santiago eran apóstoles verticales, tales como Pedro, Juan, Pablo, Mateo, Apolos, Barsabás, Tomás y el resto. No tengo pruebas de esto, pero estoy convencido de que ninguno de estos apóstoles verticales hubieran podido convocar al Consejo de Jerusalén con éxito. Los apóstoles verticales no tienden a reunirse y compartir tiempo los unos con los otros, en especial si no se agradan mucho. Pero un apóstol horizontal como Santiago pudo hacerlo.

Emitiendo una declaración apostólica

En el Consejo de Jerusalén Santiago tenía plena autoridad apostólica. Imaginen que luego de escuchar lo que los apóstoles que habían concurrido tenían para decir acerca de la circuncisión de los gentiles, Santiago no emitió su voto, ni formó una comisión para estudiar el tema más profundamente, ni convocó un consejo ejecutivo, sino que emitió una declaración apostólica: *"Por lo cual _yo_ juzgo que no se inquiete a los gentiles"* (Hechos

15:19). Observe el uso de la primera persona singular en esta afirmación; este es un ejemplo de lo que debe hacer un apóstol.

¿Cuál fue la respuesta de los otros apóstoles, de gran renombre, que estaban presentes? Recibieron alegremente la palabra fidedigna de Santiago: *"Entonces pareció bien a los apóstoles y a los ancianos, con toda la iglesia, elegir de entre ellos varones y enviarlos a Antioquia con Pablo y Bernabé: a Judas que tenía por sobrenombre Barsabás, y a Silas, varones principales entre los hermanos"* (Hechos 15:22). Santiago poseía una autoridad increíble porque se movía en la esfera que Dios le había otorgado, como un apóstol horizontal.

No obstante, cuando concluyó el Consejo de Jerusalén, ya no estaban bajo su autoridad. Santiago no era un apóstol vertical, ellos sí.

Apóstoles de mercado

La tercera de estas amplias esferas de ministerio apostólico la constituyen los apóstoles de mercado. Los apóstoles verticales y horizontales desarrollan su ministerio primordialmente en las iglesias "nucleares"; los apóstoles de mercado ministran en las iglesias extendidas. Yo creo que así como los sociólogos definen y diferencian la familia nuclear de la extendida, podemos hacer lo mismo con la iglesia.

Nuestros modelos bíblicos de apóstoles de mercado son Lucas y Lidia de Filipos. Hablaré de ellos en el Capítulo 8, cuando tratemos el tema del rol de los apóstoles en la transformación social.

Las esferas son cruciales

A menos que los apóstoles sean completamente conscientes de la esfera o las esferas que Dios les ha asignado, nunca podrán ser todo lo que Dios ha planeado para ellos. Un buen punto de partida para entender las esferas apostólicas es poder distinguir entre apóstoles verticales, horizontales y de mercado. Existen otras subcategorías de esferas que nos brindarán –en especial a los líderes– una mayor dirección para reconocer cómo funcionamos como cuerpo de Cristo en su conjunto. Hablaremos sobre ello en el próximo capítulo.

Capítulo 7

Muchos apóstoles, muchas esferas

En el capítulo anterior hablamos de los "apóstoles verticales", "apóstoles horizontales" y "apóstoles de mercado". Ahora voy a sugerirles aproximadamente una docena de otros términos que también pueden aplicarse cuando hablamos de las diferentes clases de apóstoles.

Soy consciente de que algunos lectores pueden quejarse y decirme que con esto complico la situación. Si bien esto puede ser posible, mi intención es completamente la contraria, trato de <u>simplificar</u> las cosas, al menos para aquellos de nosotros que nos especializamos en un área determinada de ministerio.

Los especialistas necesitamos detalles

Debo admitir que, tal vez, este capítulo puede resultar de mayor utilidad a aquellos que desean especializarse en el área del ministerio apostólico, que para los creyentes en general. Me viene a la memoria una muy buena ilustración para mostrarles algunos de los beneficios que nos puede brindar el ser especialistas.

Tanto Doris como yo somos productores lecheros, así que una de las áreas en las cuales somos expertos es el ganado lechero. Doris fue miembro del jurado de ganado lechero del Estado de Nueva York, mientras que yo obtuve mi diploma en producción láctea y fui miembro jurado de ganado lechero de la Universidad de Rutgers, por lo que podríamos decir que somos especialistas en esta área de interés.

Cuando Doris y yo manejamos por la autopista y vemos a los animales en los campos, no reaccionamos como la mayoría de los otros automovilistas. La gran mayoría diría: "¡Mira esas vacas!", lo que demuestra su aptitud para diferenciar vacas de caballos u ovejas. Incluso una minoría podría observar que es ganado lechero, diferenciándolo del ganado vacuno para consumo. En cambio, cuando mi esposa y yo las vemos decimos: "¡Mira esas Holsteins!" ya que, a diferencia de las personas que no son especialistas, para nosotros es muy importante saber que no estamos mirando un Guerseys, o unas Ayrshires, sino que estamos frente a unas Holsteins.

Si llevamos este ejemplo al ministerio apostólico, para una gran proporción del público cristiano sería suficiente con distinguir un apóstol de un profeta. Sin embargo, aquellos líderes que trabajan o están muy vinculados con los apóstoles, iglesias apostólicas, ministerios apostólicos o enseñanza apostólica, nos agradecerán esta "taxonomía apostólica".

Los apóstoles son sirvientes

En el capítulo 1 mencioné que el movimiento apostólico pionero surgió luego de la Segunda Guerra Mundial, pero que se cometieron algunos errores y, lamentablemente, una gran mayoría de esos movimientos tuvieron una corta vida. Uno de esos errores fue que algunos apóstoles se volvieron muy autoritarios. Mi amigo personal, Leo Lawson, del Ministerio *Morning Star International*, ha distinguido lo que él llama apóstoles "Segunda Guerra Mundial" de los apóstoles "Microsoft". Estos últimos son los que en cierta forma caracterizan a la Nueva Reforma Apostólica que tiene lugar hoy. Los apóstoles Microsoft se esforzaron para ser mucho más relacionales en lugar de dictatoriales, algo muy importante, ya que les permite desempeñarse como sirvientes.

Puede surgir la siguiente pregunta: los apóstoles ¿pueden ser sirvientes? Mi respuesta a esto es que ninguna persona puede ser un verdadero apóstol sin ser, a su vez, un sirviente. No tendría que sorprendernos escuchar este tipo de preguntas, ya que, al fin y al cabo, en la Biblia los apóstoles son definidos con términos gloriosos tales como "primeros" (1 Corintios 12:28) y fundamento de la iglesia (Efesios 2:20). Recuerden que entre todos los discípulos que tenía Jesús, los apóstoles constituían el grupo más "selecto".

Hemos hablado anteriormente de la extraordinaria autoridad que caracteriza a los apóstoles; entonces ¿cómo puede ser que alguien tan enaltecido como un apóstol tenga que ser, a su vez, un simple sirviente?

Liderazgo apostólico y servicio

Santiago y Juan, dos de los apóstoles de Jesús, respondieron esta pregunta con su experiencia personal. Por una parte, querían exaltarse; cada uno de ellos quería ser el "Teniente principal" de Jesús en el Reino, pero Jesús los retó y utilizó esta oportunidad para enseñarles, a ellos y al resto de los apóstoles, una profunda lección sobre el liderazgo de servicio. En primer lugar les dijo que los apóstoles no debían ser como los gentiles y *"enseñorearse de ellas* [otras personas]*"* (Marcos 10:42) y luego, que *"el que quiera hacerse grande entre vosotros será vuestro servidor"* (Marcos 10:43). El liderazgo apostólico, a diferencia del liderazgo secular, se basa en el servicio; no existe otra forma de obtenerlo.

Observe que Jesús no dice que el deseo de "ser grandes" sea malo. No obstante, dice que en el Reino de Dios el liderazgo apostólico no proviene de la coerción o imposición. No puede ser demandado ni solicitado, debe ser ganado. Una prueba contundente para saber si determinada persona es un apóstol, es observar si esa persona tiene seguidores o no; si efectivamente los tiene, estos deben percibir que ese apóstol es su sirviente antes de tomar la decisión de seguirlo.

Tenga presente que la única opinión que realmente importa para saber si determinado apóstol es un sirviente o no, es la de los seguidores de ese apóstol. Los individuos en otras esferas apostólicas pueden dar su opinión y decir que tal o cual apóstol no es un sirviente; sin embargo, esa opinión no será tan importante si las personas que están en la misma esfera de ese apóstol lo perciben como tal. El servicio consiste en que los seguidores realmente crean que las decisiones que toma el apóstol los beneficia. Si esto es así, los seguidores aceptan las decisiones y se ajustan a ellas.

Apóstoles "fundacionales" versus apóstoles "reformacionales"

Una vez mi amigo Roger Mitchell, del Reino Unido, me sugirió que la mayoría de los apóstoles estarían incluidos en dos categorías principales de características apostólicas: "apóstoles fundacionales" y "apóstoles 'reformacionales'".

Los apóstoles fundacionales son aquellos que salen a tomar nuevos territorios, son quebrantadores de fronteras. Pablo hubiera sido uno de ellos. Él dijo: *"Y de esa manera me esforcé a predicar el evangelio, no donde Cristo ya hubiese sido nombrado, para no edificar sobre fundamento ajeno"* (Romanos 15:20). Pablo edificó la iglesia en Corinto y luego les escribió a los creyentes de ese lugar diciéndoles: *"Conforme a la gracia que me ha sido dada, yo como perito arquitecto puse el fundamento"* (1 Corintios 3:10). La lista de apóstoles fundacionales reconocidos incluiría a Patricio de Irlanda, William Carey y a Hudson Taylor, entre otros.

Por otro lado, los apóstoles reformacionales se mueven para recuperar territorio que había sido reclamado por apóstoles fundacionales, pero que luego estos perdieron en forma total o parcial, debido a fuerzas espirituales negativas. Un ejemplo bíblico de apóstol reformacional sería Juan, quien quedó al mando de la iglesia de Éfeso luego de que Pablo la edificara. Otros que dejaron una huella en la historia cristiana son Martín Lutero, John Wesley, Jonathan Edwards, entre otros.

Una prueba contundente para saber si determinada persona es un apóstol, es observar si esa persona tiene seguidores o no; si efectivamente los tiene, estos deben percibir que ese apóstol es su sirviente, antes de tomar la decisión de seguirlo.

Ocho actividades apostólicas

Coincidamos en que "fundacional" y "reformacional" son términos generalizados. A fin de ser un poco más específico, sugiero cuatro subcategorías de apóstoles verticales y cuatro subcategorías de apóstoles horizontales. Tanto los apóstoles fundacionales como los reformacionales pueden ser hallados en cualquiera de estas dos subcategorías de igual manera.

Las denomino actividades, porque me baso en 1 Corintios 12 4-6, donde se habla de dones, ministerios y actividades como un marco de trabajo. Admito que, tal vez, puedo estar expandiendo el área de aplicación de estos versículos en particular en este punto, pero me gusta pensar que, además del o bajo el "don" de apóstol, que tienen todos los apóstoles, algunos tienen diferentes "ministerios" entre los cuales se encuentran el ministerio vertical, horizontal, múltiples ministerios, y a otros se les ha asignado diferentes "actividades", incluidas en estas ocho subcategorías.

El reconocer estas ocho actividades apostólicas pueden ayudar a prevenir la frustración de lo que podemos denominar "pseudo autoridad". Permitirá a los apóstoles reconocer las esferas que Dios les ha asignado y dentro de cuáles Dios les ha delegado autoridad apostólica. También les permitirá evitar la tentación de ejercer autoridad fuera de su/s esfera/s. Los problemas están a la orden del día cuando un apóstol se mete en la esfera de otro apóstol y comienza a tomar posesión de ella. Esto generalmente termina en una exhibición de pseudo autoridad. Reconocer dónde finaliza una esfera de autoridad y comienza otra nos ayuda a prevenir que esto suceda.

Cuatro actividades de los apóstoles verticales

La característica principal que identifica a los apóstoles verticales es que, en general, ellos lideran una organización en pleno desarrollo. Están a la cabeza de esa organización y el resto de los integrantes están a su cargo. Los apóstoles no están en la cima porque han escalado con éxito la escalera de alguna jerarquía, sino porque las relaciones que han establecido con las demás personas demandan que ellos lideren. Son sirvientes, sirven a los otros al liderarlos y ejercen su autoridad apostólica en nombre de sus seguidores.

En su red, los apóstoles verticales brindan una especie de "amparo espiritual" en todo momento. Se consideran exitosos si pueden ayudar a sus seguidores a cumplir el propósito que Dios tiene para cada uno de ellos.

Existen cuatro subcategorías o "actividades" de los apóstoles verticales:

1. Apóstoles eclesiásticos

Si alguien realizó un estudio al respecto, seguramente llegó a la conclusión de que los apóstoles eclesiásticos conforman la categoría más numerosa de actividades apostólicas. El apóstol Pablo es un ejemplo de esta categoría. A los apóstoles eclesiásticos se les da una esfera que incluye, a su vez, a muchas iglesias; incluso algunos amplían esto e incluyen también determinados ministerios de iglesias. Generalmente, lo que tenemos en mente cuando utilizamos el término "red apostólica" es una red eclesiástica. Las redes apostólicas parecen ocupar el lugar que en su momento tuvieron las denominaciones, representan los nuevos odres en los que Dios está derramando el vino nuevo.

Los pastores de las iglesias y líderes de ministerios de iglesias dentro de la red buscan el amparo espiritual del apóstol. Frecuentemente los pastores reciben su ordenación para ministrar de manos de ellos; el apóstol es su amparo, su madre o padre espiritual. Los apóstoles eclesiásticos están autorizados para hablar a las vidas de los pastores, ya sea para alentarlos así como para retarlos cuando sea necesario. Generalmente, esta relación se apuntala cuando los pastores dan un diezmo al apóstol, confían en que los apóstoles utilizarán ese dinero de manera sabia y responsable para cubrir sus necesidades personales y contribuir en el avance del Reino de Dios.

Algunos ejemplos de apóstoles eclesiásticos en la actualidad incluyen a: Larry Kreider, del Ministerio *DOVE Christian Fellowship International* de Ephrata, Pensilvania –cuenta con noventa y ocho iglesias en nueve naciones– Bill Hamon, del Ministerio *Christian International* de Santa Rosa Beach, Florida –cuatrocientos cinco iglesias y seiscientos cinco ministerios en veinte naciones– Naomi Dowdy, del Ministerio *Global Leadership Network* de Singapur –cuatrocientos noventa iglesias en diecisiete naciones– Enoch Adeboye, de Nigeria –más de cinco mil iglesias, tres mil quinientas en Nigeria y mil quinientas en más de cincuenta naciones– entre miles de ejemplos.

2. Apóstoles de equipo (miembros del equipo apostólico)

La mayoría de los apóstoles desarrollan un equipo de liderazgo que los respalde en el ministerio apostólico. Los miembros de ese equipo frecuentemente son sus cónyuges, profetas, administradores, amigos cercanos, ayudantes financieros, entre otros, pero generalmente es un apóstol quien lidera esa red. Sin embargo, algunos apóstoles deciden incorporar a su equipo de liderazgo a otros apóstoles de su mismo nivel. Para que esto suceda generalmente es necesario una clase especial de apóstol "Microsoft", pero cuando sucede se expande considerablemente la posibilidad de incluir a más iglesias en la red.

En mi libro *Churchquake!* (Terremoto en la Iglesia), explico en forma detallada por qué existe un límite numérico a la cantidad de iglesias que pueden participar en una red apostólica eclesiástica próspera.[1] Esto se basa en el axioma de que las redes apostólicas, a diferencia de las denominaciones, se sostienen gracias a las relaciones personales en lugar de los designios organizacionales, burocráticos y legales. Por lo tanto, es esencial que el líder de la red –el apóstol– mantenga una relación personal con los pastores de todas las iglesias que conforman la red. El número de iglesias en las cuales esto puede suceder, si bien depende de un conjunto de variables, generalmente está entre cincuenta y ciento cincuenta.

Este rango se aplica a las redes que están bajo la responsabilidad de un solo apóstol, pero si están lideradas por un equipo apostólico, cuantas más personas conformen el equipo más iglesias pueden formar parte de esta estructura relacional. Hasta donde yo sé, el primero en implementar el concepto de equipo apostólico es el Ministerio *Morning Star International,* bajo la dirección de Rice Broocks. Jim Laffoon, un profeta –no apóstol– que se desempeña en el equipo apostólico de Morning Star, explicó este concepto en su excelente libro *"Divine Alliance"* (Alianza Divina), donde afirma: "Si el modelo un-apóstol-por-cada-red es el único modelo con el que contamos para edificar redes apostólicas duraderas, podemos llegar a dañar la capacidad que tiene la iglesia de extender el Reino de Dios a los confines de la tierra". [2] En dicho libro, Jim nos brinda ejemplos que nos demuestran cómo Jesús, Pedro y Pablo también utilizaron equipos apostólicos.

Phil Bonasso de Torrance, California; Steve Murrell de Filipinas; Greg Ball de Austin, Texas; Ron Lewis de Charlotte, Carolina del Norte y Paul Daniel de Sudáfrica, son solo algunos de los apóstoles invitados por Rice Broocks, de Morning Star, a unirse a su equipo. Según mi definición, estos cinco no serían simplemente apóstoles eclesiásticos como Rice, sino que serían miembros de un equipo apostólico.

3. Apóstoles funcionales

Los apóstoles funcionales no supervisan ni brindan amparo apostólico a un determinado número de iglesias. A ellos les fue otorgada autoridad apostólica sobre individuos o grupos que operan dentro de un ministerio específico. Sus seguidores pueden estar bajo amparo espiritual y personal de otro líder, por ejemplo, pueden ser miembros de una iglesia local que están bajo la responsabilidad de su pastor, pero en una área particular de ministerio o en un grupo particular de afinidad pueden estar buscando a un apóstol funcional para que los guíe, discipline y, en cierta forma, se responsabilice por ellos a fin de lograr la excelencia que esa área determinada requiere.

Un ejemplo de esta categoría es Jane Hansen, de Aglow International. Ella es un apóstol, reconocida públicamente, miembro de la ICA (Coalición Internacional de Apóstoles) y de una iglesia local. Pero, además, brinda supervisión apostólica a una de las organizaciones más prominentes de mujeres cristianas a escala mundial. Cincuenta presidentes de Aglow en el ámbito estatal recurren a ella, al igual que presidentes de ciento cincuenta naciones del mundo. El "amparo" espiritual se aplica a sus actividades relacionadas con Aglow, aunque en determinadas circunstancias esta área puede ampliarse.

Otro ejemplo es Chris Hayward, del ministerio *Cleansing Stream* (Corriente Purificadora), también miembro de ICA. Chris ha trabajado más que cualquier otra persona que yo conozco para tratar de organizar equipos de liberación. Actualmente, más de dos mil quinientas iglesias en los Estados Unidos y más de quinientas en veintidós países del mundo ofrecen el Seminario de *Cleansing Stream*. Una amplia mayoría de estas iglesias tienen, como mínimo, un equipo desarrollado de liberación que funciona bajo el amparo espiritual del pastor de la iglesia local. Primeramente, son los miembros y líderes de los equipos los que experimentan el Seminario, hacen un retiro y finalmente ingresan al 2° año del Programa de Discipulado del Ministerio.

Los líderes de este gran movimiento internacional encontraron en Chris Hayward su apóstol funcional, aunque muchos de ellos no están acostumbrados aún a utilizar al título.

Puedo mencionar muchos ejemplos más; Loren Cunningham sería uno de ellos. Loren brinda liderazgo apostólico a *Youth with a Mission* (Juventud con una misión). Ché Ahn lo hace con *The Call* (El llamado), probablemente el movimiento juvenil más dinámico de nuestros días. Todos ellos son apóstoles funcionales, no son apóstoles de iglesias o de pastores, sino de diferentes movimientos dinámicos que contribuyen a la expansión del Reino de Dios.

4. Apóstoles congregacionales

El área de crecimiento de la iglesia es mi área fundamental de experiencia académica. Años de extensa investigación me han llevado a la conclusión de que solo existen dos barreras numéricas predecibles en cuanto al crecimiento de la iglesia local. Ellas son (1) la barrera "200"; y (2) la barrera "700-800"; vale aclarar que los números reflejan los "miembros activos" de la iglesia. Aproximadamente el 90% de las iglesias en los Estados Unidos tiene menos de doscientos miembros activos, el 7% u 8% tiene entre doscientos y setecientos u ochocientos, lo que nos deja solo el 2% o 3% para aquellas iglesias que están en el rango de ochocientos o más miembros activos.

Derribar cada una de esas barreras, logrando el continuo crecimiento de la iglesia, es la principal función de un líder. Si bien muchos factores contribuirían a derribar la barrera "200"[3], el cambio fundamental en el liderazgo se logra cuando el pastor accede a ser un "ranchero" en lugar de un "pastor". Un pastor ofrece cuidado personal a todos sus feligreses y este modelo, si cuenta con las condiciones adecuadas, puede lograr que la iglesia tenga doscientos miembros, pero cuando ese número crece, el pastor necesita comenzar a delegar ese cuidado pastoral a otros.

El ranchero, en cambio, no se ocupa de cuidar personalmente a sus ovejas, sino que su responsabilidad es asegurar ese cuidado. Dado que para la mayoría de los pastores este cambio en el estilo ministerial es casi imposible de realizar, y casi imposible de aceptar para la mayoría de las congregaciones, el 90% de las iglesias siguen por debajo de la barrera "200".

Existe una minoría que cruzará esa barrera doscientos, pero no derribará la segunda barrera y se mantendrá por debajo de los setecientos u ochocientos miembros. Nuevamente, para cruzar esa barrera se requiere un líder con características definidas. En la década de 1980, Lyle Schaller, el primer consultor en temas religiosos de Estados Unidos, sugirió que una iglesia con más de setecientos miembros podría describirse como una "minidenominacion"[4].

En 1999, Gary McIntosh, otro experto en lo que al crecimiento de la iglesia se refiere, clasificó el liderazgo pastoral según distintos tamaños de iglesias, denominando a los pastores cuyas iglesias superaban los ochocientos miembros "directores"; la última categoría la constituían las iglesias con más de dos mil miembros, en cuyo caso el pastor sería visto como un "presidente"[5].

Una vez charlaba con mi pastor, Ted Haggard, hablábamos sobre los roles del liderazgo. Verán, nuestra iglesia, *New Life Church* (Iglesia de Nueva Vida) de Colorado Springs, tenía en ese momento más de seis mil miembros y estaba en pleno crecimiento –al momento de escribir este libro son más de ocho mil– y en ese momento yo recién comenzaba a enseñar y a escribir sobre los apóstoles. Como tenía la clasificación de Gary en mente, se me ocurrió que la mejor forma de llamar a un líder de una "mini denominación" como nuestra iglesia no era "directora" o "presidente", sino "apóstol". Si utilizamos la terminología del nuevo odre, una mini red apostólica es mejor que una mini denominación. Si tenemos en cuenta que al servicio dominical de una iglesia promedio en Estados Unidos concurren unas ochenta y cinco personas, una concurrencia de seis mil personas equivaldría, aproximadamente, a setenta iglesias. Sería como una red apostólica en sí misma, y con una concurrencia aceptable. ¿Verdad?

Como sucede con la mayoría de nosotros, al principio Ted se rehusaba a aceptar el término "apóstol", pero hoy se siente cómodo con él, e incluso ha comenzado una red apostólica eclesiástica, *The Association of Life-Giving Churches* (La Asociación de Iglesias Vivificadoras). El rol de su liderazgo pastoral se incluiría en esta categoría de "apóstoles congregacionales". Como sucede con frecuencia, la iglesia que pastorea el apóstol congregacional –como sucede con mi iglesia– se convierte en un "ancla", una iglesia segura para la red apostólica vertical.

Cuatro "actividades" de los apóstoles horizontales

Como lo mencioné en el capítulo anterior, una característica principal que distingue a los apóstoles horizontales de los verticales, es que los apóstoles horizontales no brindan amparo espiritual ni son responsables por aquellos a quienes ministran. Su unción es reunir colegas para que cumplan determinados propósitos, y así, en conjunto, logren una mejor tarea.

Existen cuatro subcategorías o "actividades" de apóstoles horizontales:

1. Apóstoles convergentes

Esta es una subcategoría de apóstoles en la cual puedo hablar en primera persona y brindar mi experiencia personal. Yo me veo identificado con Santiago de Jerusalén, como un apóstol horizontal cuya actividad principal es "convocar". Aquellos que servimos como apóstoles convergentes hemos recibido la unción de reunir líderes cristianos que ministran regularmente en un campo definido. Tenemos la capacidad de formar organizaciones relacionales para propósitos específicos, según los deseos de Dios y su guía.

He hecho esto durante muchos años. A continuación les detallaré cada uno de los lugares en los que estoy "ejerciendo mi apostolado":

- *Apostolic Council for Educational Accountability - ACEA* (Consejo apostólico para la responsabilidad educacional).

Su propósito de origen fue brindarle a las instituciones educacionales de la Nueva Reforma Apostólica un sustituto funcional-creativo para la acreditación académica tradicional, lo cual es visto por muchos de nosotros como un callejón sin salida y algo que nos impide ser todo lo que Dios quiere que seamos. Todos los años, aproximadamente a mitad de año, los representantes educativos de aproximadamente cuarenta escuelas y muchas redes apostólicas, nos reunimos a fin de edificar relaciones, compartir información y alentarnos mutuamente.

- *Strategic Prayer Red - SPN* (Red estratégica de oración). Los intercesores de Estados Unidos y de diversos países estamos unidos por esta red que apunta a la intercesión estratégica para la evangelización mundial. Se han celebrado reuniones internacionales en Guatemala, Turquía y Alemania, con una gran concurrencia. Las próximas reuniones posiblemente tengan lugar en Bulgaria, Kazakistán, España e Italia.

- *Apostolic Council of Prophetic Elders – ACPE* (Consejo apostólico de ancianos proféticos). Un grupo al que solo se accede con invitación, en el cual no más de veinticinco apóstoles reconocidos se reúnen para establecer relaciones, dar a conocer lo que oyen proféticamente y ser responsables de lograr la calidad e integridad en sus ministerios proféticos.

- *Apostolic Roundtable of Deliverance Ministres – ARDM* (Mesa redonda apostólica de ministros de liberación). Un grupo de hasta veinticinco ministros de liberación, quienes previamente realizan sus tareas independientemente, y tienen la oportunidad de reunirse una vez por año para dar a conocer sus experiencias y preocupaciones.

- *Internacional Coalition of Apostles* – *ICA* (Coalición internacional de apóstoles). Más de trescientos sesenta apóstoles que pasaron un estricto proceso de selección y que pertenecen al ICA. La primera semana de diciembre presido la reunión anual que se celebra en Dallas. Allí nos reunimos a escucharnos los unos a los otros, acceder a distintas oportunidades ministeriales y ponernos al tanto de lo que el Espíritu le dice hoy a las iglesias.

- New Apostolic Roundtable – NAR (Nueva mesa redonda apostólica). Dado que ICA es un grupo muy numeroso, son necesarias unidades más pequeñas para tener una interacción más significativa. Convoco a estas unidades la semana posterior a la Pascua, con una concurrencia que no supera los veinticinco invitados. Nuestra responsabilidad mutua tiene su fundamento en las relaciones personales y esperamos ansiosos el encuentro para poder vernos y dar a conocer lo que el Señor pone en nuestros corazones.

- *Eagle's Vision Apostolic Team* – *EVAT* (Equipo apostólico visión de águilas). Mientras organizaba las seis redes horizontales que acabo de mencionar, sentí en mi corazón que Dios me pedía un tipo de amparo apostólico más vertical a un número menor de apóstoles, no a sus iglesias, redes o ministerios, sino a los apóstoles. Por lo tanto, EVAT podría situarse en un lugar neutro entre las redes verticales y horizontales: ¡un miembro sugirió que podría ser diagonal! A diferencia de lo que sucede en los ejemplos anteriores, los miembros de EVAT contribuyen financieramente a mi salario.

Es importante destacar que –con excepción de EVAT– mi autoridad apostólica sobre los miembros de los grupos solo se aplica en lo que se refiere a convocar o presidir las reuniones anuales. Cuando la reunión finaliza, mi amparo espiritual hacia los miembros es igual a la de Santiago, que cubría espiritualmente a otros apóstoles, tales como Pedro, Pablo o Juan, cuando estos dejaron el Consejo de Jerusalén.

2. Apóstoles embajadores

Los apóstoles embajadores tienen ministerios itinerantes que catalizan y nutren los movimientos apostólicos a gran escala. Pueden hacerlo tanto a escala nacional, regional e incluso en el ámbito internacional. John Kelly de Ft. Worth, Texas, trabaja conmigo en el equipo de liderazgo de ICA, como apóstol embajador. Supongamos que un miembro de ICA en algún lugar del mundo quiere reunir a los apóstoles de la región para establecer algún tipo de estructura relacional. Cuando esto sucede, lo indicado es llamar a una persona ajena para que, entre otras cosas, neutralice cualquier tipo de política negativa en la iglesia que pueda surgir. Lamentablemente, me es imposible realizar este tipo de tareas personalmente, pero John Kelly lo hace por mí. Generalmente, John es la persona necesaria para catalizar los movimientos apostólicos en desarrollo en diferentes partes del mundo.

Un apóstol embajador no solo convoca a cumbres regionales o internacionales, sino que también concilia movimientos apostólicos existentes cuando sea necesario. Dado que una de las cualidades del ministerio apostólico, tal como Pablo le dijo a Tito (ver Tito 1:5), es "corregir lo deficiente", los apóstoles embajadores reciben revelaciones divinas sobre qué acciones deben tomarse en determinados momentos. Frecuentemente, son capaces de tornar una situación negativa en una positiva para la gloria de Dios.

3. Apóstoles movilizadores

Al igual que los apóstoles embajadores, los apóstoles movilizadores pasan mucho tiempo en viajes, pero la diferencia entre ellos radica en el enfoque sobre una causa o proyecto específico. Chuck Pierce trabaja como apóstol movilizador de la *United States Strategic Prayer Network* – *USSPN* (Red estratégica de oración de los Estados Unidos); trabaja conmigo como apóstol internacional de la Red estratégica de oración y con Cindy Jacobs como el apóstol nacional de los Estados Unidos. Frecuentemente visita varios Estados por mes, se reúne con coordinadores e intercesores. Su meta es movilizar a cinco mil intercesores inscriptos en cada uno de los cincuenta Estados de los Estados Unidos, uniéndolos y manteniéndolos comunicados a través de la comunicación electrónica, y Dios sabe que está camino a cumplir su objetivo.

4. Apóstoles territoriales

Algunos apóstoles tienen una de sus esferas principales bien definidas en un territorio geográfico determinado. Estos "apóstoles territoriales" poseen gran autoridad dentro de una ciudad, Estado, nación o región. No solo han aceptado la enorme responsabilidad que Dios les ha dado dentro de ese territorio, sino que líderes cristianos, y aún líderes seculares han reconocido y afirmado la extraordinaria influencia que tienen sobre una sociedad en particular.

Dos de los apóstoles territoriales más destacados que conozco son Bart Pierce, de la ciudad de Baltimore, Maryland, y John Benefiel, del Estado de Oklahoma. Bart Pierce ha sido nombrado públicamente por un consorcio de apóstoles que representan a las iglesias afroamericanas de Baltimore, como apóstol. A su vez, John Benefiel fue honrado públicamente por los cheyennes del sur en Oklahoma, Estado que alberga a la mayor concentración de estadounidenses nativos de toda la nación.

Permítanme aclarar que no estoy diciendo que Dios haya otorgado jurisdicción territorial exclusiva a algunos apóstoles. Bart es solo uno de los tantos apóstoles que existen en Baltimore, y lo mismo sucede con John en Oklahoma. Los apóstoles territoriales son muy importantes y por esta razón hablaremos de ellos y el rol que juegan en la transformación social, en el próximo capítulo.

Apóstoles con múltiples ministerios

No debo terminar este capítulo sin mencionar que muchos apóstoles tienen dones espirituales, ministerios y actividades asignados por Dios en más de una de las categorías mencionadas.

En primer lugar, muchos apóstoles han recibido otros dones y aún cargos además del don y el cargo de apóstol. Personalmente, tengo el don de la enseñanza y creo que ese es mi ministerio fundamental. No obstante, me veo como un maestro-apóstol. Bill Hamon es uno de los profetas más reconocidos de la nación, pero igualmente él se describe como un profeta-apóstol. Michael Fletcher, el apóstol de Grace Churches International en Fayetteville, Carolina del Norte, también es el pastor más antiguo de la *Manna Church* (Iglesia Manna), es un apóstol-pastor. Ted Haggard, mi pastor, se describe como un pastor-apóstol.

Aquellos que son reconocidos como apóstoles, también pueden tener otros ministerios o actividades, tal como los que definí anteriormente. Si bien es raro que suceda, es posible ser un apóstol vertical y horizontal. Mel Mullen, de Red Deer, Canadá, es un magnífico ejemplo; durante años fue un apóstol eclesiástico vertical en el Ministerio *Word of Life* (Palabra de vida) red de iglesias. Sin embargo, recientemente también ha emergido como un apóstol más ungido para reunir a otros apóstoles en Canadá, en una red apostólica horizontal.

Ted Haggard es un ejemplo de un apóstol que se desarrolla en tres de las ocho "actividades" apostólicas. Ted es un apóstol congregacional (Iglesia Nueva Vida); apóstol eclesiástico (*Association of Life-Giving Churches*) y apóstol territorial (*Ciudad de Colorado Springs*). Ché Ann de Pasadena, California, es un apóstol congregacional (*Harvest Rock Church*), apóstol vertical (*Harvest*

International Ministries) y apóstol funcional (*The Call*). Existen muchos ejemplos que demuestran que las combinaciones de "actividades" apostólicas son posibles; estos son los apóstoles con múltiples ministerios.

Los apóstoles no son todos iguales, ni cumplen las mismas funciones. Actualmente, en el Reino de Dios tenemos apóstoles que desarrollan sus ministerios en muchas esferas.

Notas:

[1] Ver *Churchquake!* de C. Peter Wagner (Ventura CA: Regal Books, 1999). Páginas 141-143.

[2] Jim Laffoon, *A Divine Alliance* (Colorado Springs CO: Wagner Publications, 2001). Página 64.

[3] Para detalles sobre cómo derribar la barrera "200", ver "Overcoming Small Church Barriers of 200 People" Parte 1, por C. Peter Wagner, *The Everychurch Guide to Growth,* por Elmer Towns, C. Peter Wagner y Tom Rainer (Nashville TN: Broadman & Holman Publishers, 1998). Páginas 21-70.

[4] Lyle E. Schaller, *The Multiple Staff and the Larger Church* (Nashville TH: Abingdon Press, 1980). Página 28.

[5] Gary McIntosh, *One Size Doesn't Fit All* (Grand Rapids MI: Fleming H. Revell, 1999). Página 65.

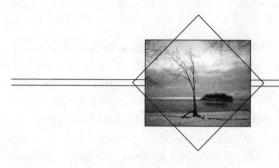

Capítulo 8

Los apóstoles y la transformación social

C omo les mencioné en el capítulo anterior, realmente creo que reconocer y afirmar a los apóstoles territoriales será un paso muy importante para cumplir con lo que Dios quiere para nosotros en la primera década del siglo XXI. El paso siguiente será reconocer y afirmar a los apóstoles de mercado. El propósito de este capítulo es explicar por qué es necesaria esta clase de liderazgo apostólico si queremos que nuestro anhelo de una transformación social sea una realidad.

Nuestro Objetivo: la transformación social

Durante la década de 1990, la idea de que el Reino de Dios no se limita a las cuatro paredes de la iglesia local se afirmó entre los líderes cristianos. Comenzamos a tomar la oración *"Venga tu reino. Hágase tu voluntad, como en el cielo, así también en la tierra"*, con más responsabilidad que antes. Creímos que Dios no solo deseaba salvar las almas perdidas y traerlas a la iglesia, sino que también deseaba cambiar y mejorar el mundo en el que vivimos.

Comenzamos a hablar de "conversación ciudadana", "alcanzar la ciudad para Cristo" y "transformación comunitaria", y gradualmente, hacia fines de la década, la frase "transformación social" parecía adecuarse perfectamente a nuestra meta. El famoso video *Transformations* (Transformaciones), producido por George Otis Jr. del *Sentinel Group* (Grupo centinela) contribuyó en gran medida a delinear nuestro pensamiento. Una "transformación social" es algo mucho más amplio que "predicarle a la ciudad"; abarca una transformación espiritual (referida al crecimiento de la iglesia y a la moral pública), económica, educacional y gubernamental. Puede ser aplicada a los barrios, ciudades, regiones y naciones, y dado que la ciudad es la unidad más manejable de ellas, en este capítulo hablaremos sobre la transformación de la ciudad.

Nuestra premisa: los apóstoles territoriales

El propósito fundamental de este libro es afirmar que en la actualidad, al igual que en los tiempos bíblicos, existen personas con el don y el cargo de apóstol. Esto implica, entre otras cosas, que se les encargó una extraordinaria autoridad apostólica en el Cuerpo de Cristo, autoridad que solo funciona bajo la unción divina y dentro del área/s específica/s que Dios le ha asignado.

Ser consciente de esto subraya la importancia de entender las esferas apostólicas, y he tratado de comenzar a hablar al respecto en el capítulo anterior. Una de las esferas en las cuales algunos apóstoles se desempeñan es la esfera territorial, así que es lógico suponer que contamos con apóstoles territoriales entre nosotros.

Pablo

La Biblia nos brinda ejemplos simples de apóstoles territoriales. Por ejemplo, Pablo le dice a la Iglesia de Corinto que él no se considera un apóstol del mundo o del Cuerpo de Cristo, *"pero nosotros no nos gloriaremos desmedidamente* (en este contexto gloriar se refiere a la autoridad apostólica como vemos en 2 Corintios 10:8), *sino conforme a la regla que Dios nos ha dado por medida, para llegar también hasta vosotros"* (2 Corintios 10:13). Recuerden que Corinto era una ciudad de la provincia romana de Acaya. Otras provincias que también formaban parte de la esfera apostólica de autoridad eran las provincias de Macedonia, Asia y Galacia. Observen que, como lo he dicho antes, la esfera apostólica de Pablo no incluía ni Alejandría, ni Jerusalén, ni Roma, ni muchas otras ciudades o provincias que ya contaban con iglesias edificadas.

Tito

Tito era un miembro del equipo apostólico de Pablo que obraba como apóstol en el territorio de Creta. Pablo le escribe en Tito 1:5: *"Por esta razón te dejé en Creta, para que corrigieses lo deficiente, y establecieses ancianos en cada ciudad, así como yo te mandé".* Seguramente Tito tenía otras esferas apostólicas; es más, su nombre se relaciona frecuentemente con Corinto. Pablo lo había enviado a Creta como conciliador y luego de un tiempo vuelve a escribirle a la Iglesia y les dice: *"Pero Dios, que consuela a los humildes, nos consoló con la venida de Tito"* (2 Corintios 7:6).

Pablo se sentía aliviado porque Tito, probablemente, había realizado un trabajo apostólico fructífero en Corinto. La última epístola de Pablo nos sugiere que, tal vez, Dalmacia –la actual Yugoslavia– pudo haber sido otra de las esferas territoriales de Tito (2 Timoteo 4:9)

⚭

Los apóstoles territoriales son los que más probabilidades tienen de brindar el liderazgo perseverante necesario para transformar una ciudad

⚭

Pedro

Pedro enuncia las que, indudablemente, eran sus principales jurisdicciones territoriales cuando redacta su Primera Carta; comienza diciendo: *"Pedro, apóstol de Jesucristo, a los expatriados de la dispersión en el Ponto, Galacia, Capadocia, Asia y Bitinia"* (1 Pedro 1:1). Es interesante observar que Pedro no menciona ni Acaya ni Macedonia, dos de las esferas de Pablo.

Esferas culturales

Otro hecho interesante es que Pedro *no* menciona las otras dos provincias de Pablo, Galacia y Asia. Esto nos lleva a la conclusión de que dentro de las esferas territoriales pueden existir también esferas culturales. Prestemos atención al saludo de Pedro *"a los expatriados de la dispersión"*. Con esto aclara que su carta no esta dirigida a los gentiles, sino específicamente a la diáspora judía, los que se ubicaron en las cinco provincias que menciona. A Pablo, que era un apóstol de la incircuncisión, le fueron asignados los gentiles que vivían en Galacia y Asia, y a Pedro, que era un apóstol de la circuncisión, los judíos que vivían en las mismas provincias.

La transformación de la ciudad

Observemos el estado de acontecimientos en cuanto a los esfuerzos que se realizan en los Estados Unidos para lograr la transformación de la ciudad.

El interés en la transformación de la ciudad comenzó en 1990, fecha en que se publicó el libro de John Dawson, *Taking our Cities for God* (Tomando nuestras ciudades para Dios). Durante esa década prácticamente todas las ciudades de los Estados Unidos lanzaron un programa de transformación de ciudad, incluso se involucraron algunos de los líderes cristianos más admirados de la nación. Francis Frangipane, Ed Silvoso, George Otis Jr., Jack Dennison, Frank Hayford, Ted Haggard, Frank Damazio y muchos otros autores participaron para ayudarnos a delinear el camino. Los ministros de Misión América también iniciaron un programa en el ámbito nacional, cuyo objetivo era la transformación de las ciudades.

Para muchos de nosotros, la década de 1990 parecía ser la respuesta tangible a nuestra oración *"venga tu reino"* en cada una de las ciudades, pero lamentablemente esto no fue así. En realidad, luego de diez años de intensos esfuerzos, nos sería difícil señalar cuáles son las ciudades que han sido transformadas como resultado de un planeamiento productivo y estratégico. Como resultado de esto parece que estamos experimentando una epidemia de fatiga transformacional, y algunos levantan sus brazos en desesperación.

Liderazgo perseverante

Nuestro investigador sobre la transformación social es George Otis Jr. George da a conocer sus investigaciones a través de videos. El primero de ellos, *Transformations* (Transformaciones), ha desatado poderosos movimientos para la transformación social en muchos lugares del mundo. En este video informa sobre cuatro ciudades que están en diferentes etapas del proceso de transformación. Una de ellas es Almolonga, en Guatemala que ya puede ser clasificada como "transformada" según la opinión de un sociólogo.

Uno de los descubrimientos más útiles de George fue una lista de cinco puntos coincidentes en todas las ciudades que están en distintas etapas de transformación. Estos son:

Líderes perseverantes.

Unidad de oración.

Reconciliación social.

Encuentros públicos de poder, e

Investigación de diagnostico (mapeo espiritual).

Todas las ciudades investigadas coincidieron en las dos primeras características, y el 90% coincidió en las últimas tres.

Quiero concentrarme en la primera de ellas, los líderes perseverantes, tratando de mostrarles que, al menos en mi opinión personal, los apóstoles territoriales son absolutamente necesarios para lograr una transformación exitosa y productiva de la ciudad.

Tres puntos teológicos

Los acelerados y extendidos esfuerzos en pos de una transformación de la ciudad en la década de 1990, dieron lugar a lo que yo considero son los tres puntos teológicos que actualmente templan nuestra forma de pensar sobre la forma en la cual desarrollamos las estrategias para ganar nuestras ciudades para Dios. Observen que cada una de ellas lleva consigo un "no obstante".

- La unidad del cuerpo de Cristo es un prerrequisito para lograr la transformación social. No obstante, hemos descubierto que cualquier unidad lograra dicha transformación. Podemos terminar con una unidad funcional o disfuncional. Hablaré sobre esto más adelante.

• La iglesia de la ciudad o región a ser transformada es una iglesia con múltiples congregaciones espirituales. No obstante, esta idea puede ser aplicada de forma imprudente, y precipitar así el debilitamiento del egalitarianismo. Lo veremos más adelante.

• El fundamento de la iglesia son los apóstoles y los profetas (Efesios 2:20). No obstante, esto se aplica a la transformación de la ciudad en dos dimensiones: apóstoles de la iglesia *nuclear* y apóstoles de la iglesia *extendida o de mercado*.

Los "porteros" no son los pastores, sino los apóstoles

El éxito o fracaso de la transformación de una ciudad dependerá de los líderes perseverantes. Esta frase fundamental combina el pensar de dos de mis amigos: John Maxwell y George Otis Jr. Si esta afirmación es verdad, surge una pregunta central: ¿Quiénes son, entonces, los líderes o "porteros espirituales" de la ciudad que Dios ha elegido?

Es muy posible que en la década de 1990 hayamos llegado a la respuesta equivocada, ya que en ese momento estábamos seguros que los porteros espirituales de la ciudad eran los pastores de las iglesias locales. Incluso, he hablado sobre esta idea en mi libro *Apostles of the City* (Apóstoles de la ciudad), publicado en el año 2000.

En la década de 1990 muchos coincidimos con esta afirmación, porque en ese momento recién comenzábamos nuestro aprendizaje sobre los apóstoles. Sí, sabíamos que existía una iglesia de la ciudad, pero no éramos lo suficientemente maduros para comprender que los cimientos de la iglesia son los apóstoles y los profetas (ver Efesios 2:20) ni para ver que el orden gubernamental estaba claramente determinado "*Primero* apóstoles, *segundo* profetas, *tercero* maestros (ver 1 Corintios 12:28). ¡Lo interpretábamos al revés!, ya que muchos pastores que predican semanalmente también son maestros, están dentro de la tercera categoría.

Bíblicamente, 1 Corintios 12:28 nos muestra que los verdaderos porteros espirituales de la ciudad son los apóstoles, no los pastores –o maestros–. Los apóstoles territoriales son los que tienen más probabilidades de brindar el liderazgo perseverante necesario para transformar una ciudad.

Las debilidades del enfoque pastoral

Asumir que los pastores son los porteros espirituales de la ciudad no solo no es bíblico, sino que ni siquiera funciona bien en la práctica. Lo que hemos experimentado en la década de 1990 nos ha impulsado a vencer las debilidades prácticas del enfoque pastoral.

- Utilización errónea del concepto válido de la "iglesia de la ciudad". El problema surgió cuando descubrimos que la iglesia de la ciudad era una iglesia con múltiples congregaciones. Luego cometimos el error de asumir que todos los pastores de iglesias locales eran co-pastores en la iglesia de la ciudad. Esto obstruyó el reconocimiento del verdadero liderazgo.

- El modelo de Billy Graham. Durante más de cuarenta años, el modelo más efectivo de lograr un verdadero proyecto inter-iglesia a nivel ciudad fue el comité de Billy Graham. Esto tenía éxito por dos razones: tenía un fuerte liderazgo y una visión unida, pero ambas eran provistas por una delegación que no pertenecía a esa ciudad. Los pastores de la ciudad no eran líderes, sino colaboradores secundarios del líder que iba a su ciudad, y si bien esto funciona para una situación determinada, no era ni es lo adecuado para transformar una ciudad. Para lograr la transformación de una ciudad es necesario que tomemos esto como un proceso, no como un evento, que reemplacemos al liderazgo externo con un liderazgo interno y a los líderes diplomáticos y administrativas con líderes que acepten riesgos.

• Las cumbres pastorales de oración. En ciudad tras ciudad, hemos observado que la forma más efectiva de comenzar un proceso de transformación parecen ser las cumbres pastorales de oración, diseñadas originalmente por Joe Aldrich, de Portland, Óregon. La premisa fue que si podían unir a los pastores de la ciudad en oración, Dios respondería al pedido de transformación de la ciudad. Esta esperanza nunca pudo materializarse por dos razones: (1) nadie estaba autorizado a presentar un proyecto al grupo (por ejemplo, el proyecto de transformación de la ciudad); y (2) estaba orientado a lo devocional y lo relacional, pero no a la tarea en sí misma. El resultado de esto fue una gran unidad de oración, pero no de visión.

Unidad funcional y unidad disfuncional

No conozco a nadie que esté en desacuerdo con la premisa de que la unidad del Cuerpo de Cristo es un prerrequisito divino para transformar una ciudad. Pero no todos coincidimos en cuál es la forma de unidad requerida. Si bien en la década de 1990 no pude hacerlo, actualmente puedo diferenciar dos formas de unidad:

• Unidad pastoral. La unidad pastoral es motivada por la misericordia, es relacional, políticamente correcta, comprometida, cordial y pacifista.

• Unidad apostólica. La unidad apostólica está orientada a la tarea, es visionaria, agresiva y guerrera (ambas dentro del contexto espiritual) y generalmente mordaz.

Una de las mayores diferencias entre ambas es que en el paradigma de unidad pastoral, la unidad puede convertirse en un objetivo en sí misma. En la unidad apostólica, en cambio, es solo un medio para conseguir un fin ulterior. Los apóstoles reconocerán que la necesidad de los pastores por crear relaciones personales y unir distintas clases sociales, raciales, denominacionales, culturales e incluso religiosas, es correcta, pero no debe considerarse como un prerrequisito para la transformación social. Los apóstoles saben que un proceso viable de alcanzar y ganar una ciudad para Cristo no requiere del cien por cien de iglesias, y en algunos casos no necesita ni a la mayoría de ellas.

Unidad apostólica

Si bien aquellos que se inclinan por la unidad pastoral pueden hallar fundamentos bíblicos, los apóstoles nos concentramos en versículos tales como la oración de Jesús (ver Juan 17), donde dice *"para que todos sean uno; como tú, oh Padre, en mí y yo en ti, que también ellos sean uno en nosotros; para que el mundo crea que tú me enviaste"* (v. 21). La unidad no es el fin, la evangelización mundial lo es y Jesús oraba por un tipo de unidad que nos ayude a implementar la evangelización mundial. Jesús dijo: *"No penséis que he venido para traer paz a la tierra; no he venido para traer paz, sino espada"* (Mateo 10:34).

Este concepto parece discrepar considerablemente con la historia de la iglesia. Los mayores movimientos de Dios a través de la historia de la iglesia parecían no producir unidad en el Cuerpo de Cristo, sino que a veces precipitaban serias divisiones. Tomemos, por ejemplo, el caso de la Reforma de Martín Lutero, los Metodistas con John Wesley, los Presbiterianos con John Knox, el Ejército de Salvación con William Booth o el *Azusa Street Revival* (Reavivamiento de la calle Azusa) que dio origen al pentecostalismo mundial; todos estos son movimientos del tipo apostólico.

Según la investigación de George Otis Jr., es muy raro, casi infrecuente, que las ciudades que actualmente están en un estado avanzado de transformación, hayan comenzado su proceso luego de un esfuerzo exitoso de unificar las iglesias de la región. Aquellos que se convierten en líderes perseverantes de sus ciudades pueden provocar división al comienzo, ya que como líderes apostólicos están propensos a hacerlo.

Si bien no comienzan de esta manera, generalmente la unidad es uno de los resultados de estos movimiento divinos. Sin embargo, no es una típica unidad del tipo pastoral. Habitualmente, la unidad resultante tomaba forma en un odre nuevo –de ese momento– para preocupación de aquellos que permanecían en los odres viejos.

Los costos ocultos de la unidad pastoral

En versículos tales como *"¡Mirad cuán bueno y cuán delicioso es habitar los hermanos juntos en armonía!"* (Salmos 133:1), el pensamiento pastoral encuentra su fundamento. Les gusta reunirse, comer juntos, orar juntos, confesarse los pecados los unos a los otros, intercambiar predicas y amarse los unos a los otros. Estas relaciones pueden asemejarse tanto a un fruto del Espíritu que pueden adquirir en forma gradual una aurora de gloria y, cuando eso sucede, reunirse puede resultar algo que deba ser preservado a cualquier precio.

Uno de los costos ocultos de preservar este tipo de reuniones pastorales es evitar cualquier cosa que pueda ser causa de división. Esto requiere inexorablemente que el grupo se adaptará al "denominador común mínimo". En consecuencia, es común ver grupos de pastores blancos, de clase media, republicanos y evangélicos denominacionales. Les gusta pensar que representar a la ciudad en su totalidad, pero frecuentemente esto no es así; su liderazgo se construye sobre la base del consenso y está orientado a la estabilidad. El deber principal de estos líderes es preservar el *status quo* en la forma más estimulante posible.

Paredes invisibles de división

Irónicamente, en estos grupos de líderes de la ciudad en la cual –para citar una frase de George Otis– "la cortesía vence a la convicción", se producen divisiones involuntarias. Es raro que estos grupos atraigan la participación activa de los líderes cristianos más creativos e influyentes de la ciudad. Algunos de ellos participan en algún momento, tal vez motivados por una conciencia culpable y un sentimiento de obligación, pero pronto se sienten autoexcluidos del grupo. No son separados del grupo, sino que ellos mismos se excluyen. Son invitados nuevamente en repetidas ocasiones, pero se excusan diciendo que no tienen tiempo, a pesar de que en los Estados Unidos es raro encontrar otra profesión que brinde más tiempo discrecional personal que la de pastor. El tema de fondo no es el tiempo, sino la prioridad.

Entonces, ¿quiénes son aquellos que se han autoexcluido de las reuniones pastorales a nivel ciudad? Existen, al menos, seis clases de líderes que tienen prioridades más altas:

• Pastores impulsados por la visión. La mayoría de ellos se impacienta y no está de acuerdo con "emparchar" odres viejos y preservar el *status quo*.

- Pastores orientados a la tarea y líderes de iglesias. Ven claramente que priorizar la unidad a cualquier costo, no los ayudará a cumplir su tarea.

- Líderes minoritarios influyentes. Ellos perciben que la presencia sin poder no es una combinación beneficiosa. Casi todos las reuniones a nivel ciudad incluyen líderes minoritarios que poseen una gracia especial para construir puentes de comunicación entre los distintos sectores de la sociedad, pero que raramente son ellos los movilizadores y "sacudidores" dentro de sus comunidades minoritarias.

- Pastores de megaiglesias dinámicas y en crecimiento. Generalmente, sus actividades personales se encuentran en una dimensión totalmente distinta a la del 90% de los pastores norteamericanos. La brecha comunicacional es prácticamente imposible de vencer.

- Pastores carismáticos. El grupo reúne las características principales de los pastores evangélicos, pero requiere que los pastores carismáticos verifiquen sus propias características, a fin de preservar el denominador común. ¡Esto hace que las reuniones típicas sean aún más aburridas de los que algunos pueden soportar!

- Apóstoles. Se sienten fuera de su esfera apostólica y en consecuencia no pueden desempeñarse como apóstoles dentro de un grupo con orientación pastoral.

Cuando estos líderes no se presentan a las reuniones, incluso luego de ser invitados personalmente, comienzan los murmullos. Generalmente son caracterizados como "indiferentes", o "egocéntricos"; se dice de ellos que son "constructores de imperios", que están "tocando su propia melodía", que "no creen en la iglesia de la ciudad" o se piensa que no vienen porque "si no lideran no se reúnen". Esta última afirmación es verdad. Piense que ellos ¡son líderes! Invitar a un líder a unirse a un grupo y no liderar es como invitar a un cantante a unirse a un coro y no dejarlo cantar. Lamentablemente, el resultado de esta pared invisible de división es que un porcentaje de los líderes cristianos de la ciudad son excluidos de la "formación inicial". No es para asombrarse que, de todas las ciudades de Estados Unidos deseosas de ver el poder de Dios exteriorizado en la transformación social, solo hemos visto muy pocas que lo han logrado.

¿Podemos cambiar?

Dado que nuestros enfoques con orientación pastoral de la década de 1990 no produjeron los resultados esperados, ¿podemos cambiar a un nuevo paradigma? ¿Podemos comenzar el proceso reconociendo que los apóstoles son el fundamento de la iglesia en la ciudad?

Si podemos hacerlo, entonces debemos traer a dos clases de apóstoles a la ecuación; a los apóstoles territoriales y a los apóstoles de mercado. Permítanme decir que si decidimos hacer este cambio debemos estar conscientes que recién estamos en las primeras etapas del proceso. En realidad, el concepto de apóstoles de mercado es tan nuevo que no me siento capacitado para hablar mucho sobre ellos, solo puedo decir que estoy seguro de que ellos existen. No obstante, existen algunos conceptos respecto a la identificación de los apóstoles territoriales que serán de gran valor para reconocerlos y afirmarlos como tales.

Es bueno que tengamos en cuenta que no todos los apóstoles *en* una ciudad son apóstoles *de* la ciudad. No todos los apóstoles eclesiásticos o apóstoles funcionales o apóstoles movilizadores o apóstoles verticales tienen una esfera *territorial*. Mi propia vida es un ejemplo de ello; yo soy un apóstol que vive en Colorado Springs, pero Dios no me ha asignado mi ciudad como una de mis esferas apostólicas.

También es importante reconocer que con toda seguridad cada ciudad no tendrá un solo apóstol territorial asignado a ella, sino varios. Esto significa que diferentes apóstoles *de* una ciudad tendrán diferentes sub-esferas dentro de la ciudad. Por ejemplo, un apóstol de la ciudad puede desempeñarse en la comunidad hispana, otro en la comunidad europea, otro en la comunidad blanca, etc., así como la esfera de Pablo en la provincia de Asia eran los gentiles y la esfera de Pedro eran los judíos.

Existen otras subdivisiones posibles, especialmente si la ciudad en cuestión es grande. Por ejemplo, un apóstol puede ser reconocido entre los evangelistas y otro entre los carismáticos. Una esfera puede ser la parte norte de la ciudad y otra la parte sur, otra puede ser la juventud de la ciudad, y así sucesivamente. El punto es que todos estos apóstoles territoriales han sido asignados por Dios a sus esferas, y es entendible que Dios dude en responder a las oraciones por una transformación social si no se cumplen sus propósitos.

Compromiso territorial

¿Cómo podemos reconocer a los apóstoles territoriales auténticos de nuestra ciudad? En principio, deben demostrar las cualidades que describimos en los capítulos anteriores, pero más allá de eso, los apóstoles territoriales deben aprobar el examen de "compromiso territorial".

Bob Beckett de Hemet, California –una de las ciudades protagonistas del video Transformaciones– fue quien escribió el libro sobre compromiso territorial llamado *Commitment to Conquer* (Compromiso para conquistar). En él, afirma que la autoridad apostólica en una región dada es proporcional al grado de compromiso territorial del líder cristiano.

Esto se aplica primeramente a los pastores de iglesias locales quienes, al menos en los Estados Unidos, muestran un nivel de compromiso territorial relativamente bajo. ¿Qué quiero decir con esto? En primer lugar, aproximadamente el 90% de los pastores estadounidenses no tienen expectativas de seguir en sus iglesias dentro de diez años. Nuestra denominación más numerosa, los Bautistas del Sur, muestra un promedio de estadía pastoral de 2,7 años. Los Metodistas Unidos –el segundo más numeroso– tiene un promedio de 3,4 años, y así sucesivamente. Relativamente pocos pastores tienen un compromiso de por vida con su comunidad, compromiso comparable al que tienen, por ejemplo, la mayoría de los dentistas, abogados o comerciantes de autos, solo para nombrar algunos.

En segundo lugar, el compromiso territorial se aplica a los apóstoles territoriales más estrictamente que a los pastores locales. Personalmente, imaginar a un apóstol de una ciudad que no esté comprometido con la ciudad me es tan difícil como imaginar a un cirujano ciego o a un locutor tartamudo.

¿Dónde están los apóstoles territoriales?

A la luz de lo que hemos visto ¿qué debemos hacer? Crear apóstoles no depende de nosotros, solo Dios puede hacerlo dándoles el don de apóstol y asignándoles sus esferas apostólicas. Pero lo que sí depende de nosotros es el reconocimiento a esos apóstoles que Dios le ha dado a la iglesia –en este caso a la iglesia de la ciudad– a fin de alentarlos, darles el cargo de apóstol cuando sea apropiado y someternos a la autoridad del apóstol que esté a cargo de la esfera territorial en la cual nos encontramos como miembros de esa ciudad. Cuando hacemos esto, las autoridades estarán en orden para recibir el poderoso derramamiento del Espíritu Santo en nuestras ciudades.

Si buscamos apóstoles territoriales, debemos hacerlo en los lugares adecuados. Yo creo que existen tres lugares principales en las cuales podemos encontrar apóstoles territoriales. Antes de enumerarlos, permítanme aclarar que estos no son los *únicos* tres lugares donde podemos hallarlos. Además, no todos los apóstoles territoriales que están en estos lugares serán elegidos por Dios para ser apóstoles *de* la ciudad. Recuerden también que muchos de ellos pueden tener otras esferas apostólicas. Estos tres son un buen lugar para comenzar nuestra búsqueda:

- Pastores de megaiglesias: investigaciones sobre el crecimiento de la iglesia nos han informado que, en general, cuanto más grande es la iglesia, mayor es la estadía pastoral allí. Observen: la mayoría de los pastores de iglesias que cuentan con mil, dos mil o más miembros activos, hace mucho que han dejado de buscar "pastos más verdes". Ellos ven su llamado a esa congregación como una misión de por vida y han aprobado el examen de "compromiso territorial". Además, aquellos que pastorean megaiglesias en dinámico crecimiento también se incluyen dentro de la categoría –mencionada en el capítulo anterior– de "apóstoles congregacionales".

- Líderes paraeclesiásticos: No todos los líderes de iglesias son apóstoles, pero algunos sí lo son. Dios les ha dado la ciudad en la cual ministran como su esfera apostólica. Uno de los líderes más reconocidos de esta categoría es Doug Stringer, del Ministerio *Somebody Cares* (Alguien se preocupa), en Houston, Texas. Doug marcó el camino de compromiso territorial y ministerio efectivo hacia una transformación social en Texas.

- Apóstoles de mercado. Es útil reconocer que la iglesia de la ciudad se va delineando tanto en la forma de iglesia nuclear

–iglesia local– como en la forma de iglesia extendida –creyentes en el mercado–. Coincidimos con los apóstoles de la iglesia nuclear, pero debemos ponernos al día con la iglesia extendida. Creo que lo haremos rápidamente y, cuando esto suceda, nuestros anhelos de ver ciudades transformadas en nuestro país comenzaran a realizarse.

¡Que Dios nos ayude para que ese día llegue pronto!

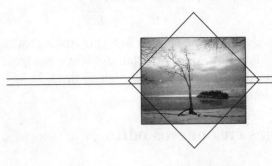

Capítulo 9

Conclusión:
vino nuevo para
odres nuevos

L a idea de que existen apóstoles en la iglesia actual no es muy común todavía. Solo a una pequeña fracción de los pastores en actividad se les enseñó sobre los apóstoles en los seminarios o en la escuela bíblica. Sí, ellos aprendieron sobre los apóstoles que vivieron durante el primer siglo, pero también aprendieron que el don y el cargo de apóstol, al igual que el de los profetas, "cesaron al finalizar la era apostólica".

Como lo expliqué detalladamente en el primer capítulo, creo que esto está cambiando. Realmente pienso que hemos entrado en una Nueva Era Apostólica y la forma que está tomando la iglesia actual puede denominarse "Nueva Reforma Apostólica". Utilizo el término "Reforma", porque estamos siendo testigos del cambio más radical en la forma de hacer iglesia desde la Reforma Protestante del siglo XVI.

Dios crea nuevos odres

Utilicemos algo de lenguaje bíblico para describir qué está sucediendo; somos lo suficientemente afortunados como para ver, desde una posición privilegiada, cómo Dios está creando, formando y expandiendo un odre nuevo para la iglesia. Esto no es nuevo para Él, ya que si rastreamos la historia cristiana, se hace evidente que Dios ha creado constantemente una gran cantidad de odres para su iglesia durante los más de dos mil años que ha estado expandiéndose por el mundo. Está haciendo esto nuevamente.

———————— ∞ ————————

Dios solo nos bendecirá si dejamos que el vino se derrame sobre nuestro corazón y produzca el fruto del Espíritu Santo. Debemos seguir nuestro camino con humildad, honrando —que no significa necesariamente imitando— a nuestros predecesores.

———————— ∞ ————————

La frase "odre nuevo" tiene su base y proviene de Mateo 9, cuando los discípulos de Juan el Bautista fueron tristes y preocupados a Jesús. Uno de los motivos de su preocupación era que estaban muy hambrientos. Juan los había hecho ayunar y por eso se quejaban ante Jesús. ¡Mientras ellos ayunaban, los discípulos de Jesús comían y bebían! ¿Qué era lo que sucedía?

En primar lugar, Jesús les explicó algunas cosas relacionadas con la iglesia para luego centrarse en el tema de los odres; les dijo: *"Ni echan vino nuevo en odres viejos; de otra manera los odres se rompen, y el vino se derrama, y los odres se pierden; pero echan el vino nuevo en odres nuevos, y lo uno y lo otro se conservan juntamente"* (Mateo 9:17).

Aquí estaba Jesús, refiriéndose claramente a Juan el Bautista. Juan y sus discípulos representaban lo que Jesús llamada el "odre viejo", mientras que Jesús había venido para presentarles un odre nuevo.

Los odres viejos son buenos

Es importante recordar que Jesús no estaba dibujando una línea entre el bien y el mal. Jesús amaba a Juan el Bautista; es más, una vez dijo: *"Entre los que nacen de mujer no se ha levantado otro mayor que Juan el Bautista"* (Mateo 11:11). En otras palabras, Jesús amaba al odre viejo; lo que sucedía con él era que no iba a recibir el vino nuevo.

Cuando aplicamos esto a la Nueva Reforma Apostólica, el odre nuevo nos ayuda inconmensurablemente a tener en cuenta a los odres viejos. Las denominaciones tradicionales, son buenas. Dios las ama. Ellas fueron en su momento los odres nuevos; mientras lo fueron, recibieron el vino nuevo de parte de Dios, pero hoy Dios ya no derrama su vino nuevo en ellas. Él ama tanto a los viejos odres que no quiere que se rompan, Él quiere que las denominaciones tradicionales continúen siendo bendecidas para el cuerpo de Cristo, por el mayor tiempo posible.

Algunos pueden estar en desacuerdo

No debe sorprendernos ni ofendernos que haya personas a favor de los hechos revelados en libros como estos, o que haya líderes cristianos que alzan sus voces en desacuerdo. Después de

todo, ellos han brindado sus vidas al servicio a Dios en las denominaciones tradicionales y han estado a gusto con la forma
en la que esas estructuras funcionaron para la gloria de Dios. No
hay duda de que ellos han estado ministrando según la voluntad de Dios y que deben continuar haciéndolo. Sin embargo, reconocer que el don y cargo de apóstol se encuentran presentes
en la iglesia contemporánea comprensiblemente los saca de sus
zonas de comodidad, de la misma forma que el estilo de vida de
los discípulos de Jesús sacó a los discípulos de Juan el Bautista
de su zona de comodidad. Jesús no los menospreció bajo ningún concepto por ello.

Recuerde que Jesús también dijo que al que mucho se le da,
mucho se le pide. Una buena cantidad de vino nuevo está siendo derramada sobre el nuevo movimiento apostólico. Una de las
cosas que esto requiere es que tratemos de evitar imaginarnos
que, por alguna razón, somos superiores a aquellos que aún están en los odres viejos. No. Dios solo nos bendecirá si dejamos
que el vino se derrame sobre nuestro corazón y produzca el fruto del Espíritu Santo. Debemos seguir nuestro camino con humildad; debemos honrar –que no significa necesariamente imi-
tar– a nuestros predecesores.

El reino de Dios tiene lugar de sobra para los viejos odres, los
nuevos y los intermedios.

Respetarnos y apreciarnos

Si no vacilamos en respetarnos y apreciarnos los unos a los
otros como Jesús lo hizo con Juan el Bautista, Dios podrá utilizar a todo su pueblo, sin importar su odre, maximizando la efec-
tividad personal y colectiva de ellos para que su reino se siga ex-
tendiendo sobre la Tierra.

¡Todos seremos ganadores y las naciones del mundo serán
bendecidas!

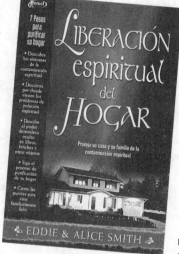

La envidia
el enemigo interior

porque donde existe La envidia y el egoísmo,
La confusión y todo lo malo está allí.

L a mayoría ojea la tapa y piensa: *"no es mi problema"*. Luego cuando alguien cercano es promovido por encima de nosotros –o prospera más– de pronto elaboramos emociones difíciles. Se necesita un coraje increíble para admitir que las siniestras fuerzas de la envidia pueden existir dentro de nosotros, porque si esto es cierto, las implicaciones son enormes.

La envidia tiene el potencial, por sí sola, de extinguir el fluir de las bendiciones de Dios, tanto en nuestra vida como en la de los que nos rodean. Aprendamos a reconocerla y reemplazarla por el verdadero amor bíblico.

Este honesto libro encenderá su pasión por un avivamiento personal.

Hasta que somos conscientes de su presencia, La envidia es lo último que pensamos que está dentro de nosotros.	Obtenga Libertad de la envidia en su corazón y aprenda a responder apropiadamente cuando es envidiado por otros.	envidia: el arma más subestimada en el arsenal de satanás

BOB SORGE aporta la diversidad de su experiencia ministerial –como ministro de música, instructor de la Escuela Bíblica, pastor asistente, pastor principal, autor y orador itinerante– a uno de los temas más sensibles de la iglesia de hoy. Entre sus muchas obras, la más notable es *"Explorando la adoración"*.

Liberación financiera a través del ayuno

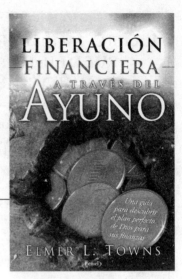

¡TOME EL CONTROL FINANCIERO PARA SIEMPRE!

ELMER L. TOWNS

es decano de la Escuela de Religión en la Universidad Liberty en Lynchburg, Virginia, donde enseña a dos mil miembros pastores en la clase de Escuela Dominical de la Iglesia Bautista Thomas Road. Es ganador de una Medalla de Oro; entre sus libros se incluyen *Liberación espiritual a través del ayuno* y *El Hijo*. Elmer y su esposa, Ruth, viven en Virginia, EE.UU.

Liberación financiera a través del ayuno esparce una luz espiritual sobre uno de los conflictos más grandes que hoy enfrentan los cristianos: nuestra necesidad de poner el uso del dinero en una perspectiva apropiada y, principalmente, tomar control de nuestro futuro financiero de una vez y para siempre.
Las clave para esto, como revela Elmer Towns, son el ayuno y la oración.

CÓMO SU ADORACIÓN Y ORACIÓN PUEDEN CAMBIAR SU VIDA, SU HOGAR Y SU CIUDAD

Revístase con el favor de Dios, ¡y vaya a la guerra!

La mayoría de los cristianos enfocan su adoración en cuanto a la relación y la devoción, y ambas cosas son excelentes y correctas. Sin embargo, nuestra adoración y búsqueda por conocer a Dios debe también moverse hacia un nivel más alto: ¡el de que se ejerza su voluntad sobre la Tierra!

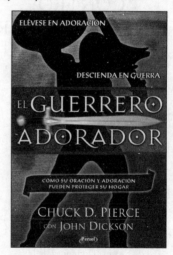

Vivimos tiempos radicales. Lo que Dios hace y dice en el cielo debe manifestarse sobre la Tierra. El Espíritu del Señor extiende su llamado a los creyentes. A su vez, este llamado desata un sonido desde el cielo que es abrazado por gente de todo el mundo.

Hubo un tiempo en que Lucifer guió a las huestes angelicales de los cielos en la adoración del Creador. Sin embargo, decidió que ya no quería ser más un adorador; en lugar de eso, quería ser adorado. Las GUERRAS DE ADORACIÓN comenzaron en ese momento, y continúan todavía hoy en la Iglesia, sobre la Tierra y en los cielos. Cuando adoramos, nuestra adoración asciende al trono de Dios, y es a través de este proceso que podemos luego descender en guerra efectiva.